ଦେଶ

ଦେଶ

ହରପ୍ରସାଦ ଦାସ

ବ୍ଲାକ୍ ଈଗଲ୍ ବୁକ୍ସ
ଭୁବନେଶ୍ୱର, ଓଡ଼ିଶା

BLACK EAGLE BOOKS
Dublin, USA

 BLACK EAGLE BOOKS

USA address:
7464 Wisdom Lane
Dublin, OH 43016

India address:
E/312, Trident Galaxy, Kalinga Nagar,
Bhubaneswar-751003, Odisha, India

E-mail: info@blackeaglebooks.org
Website: www.blackeaglebooks.org

First Edition: 1999
Second Edition: 2012

First International Edition Published by
BLACK EAGLE BOOKS, 2024

DESHA
Haraprasad Das

Copyright © **Haraprasad Das**

All rights reserved. No part of this publication may be reproduced, stored in a retrieval system, or transmitted, in any form or by any means, electronic, mechanical, photocopying, recording or otherwise without the prior permission of the publisher.

Cover art : Paying homage to V. S. Gaitonde, the Master of Abstracts

Cover & Interior Design: Ezy's Publication

ISBN- 978-1-64560-628-4 (Paperback)

Printed in the United States of America

୧

ହେ ମୋର ଦେଶ
ମୁଁ ବହୁଦୂରରୁ ଆସିଚି
ଉଡ଼ି ଉଡ଼ି ଥକିଯାଇଚି ମୋର ଡେଣା
ବାଟଭୁଲି ଆସିଚି
ଚନ୍ଦ୍ରାଲୋକରୁ, ଅଧାଶୁଣା
ପରୀକଥାରୁ ନିଦର ଅନ୍ଧାର ହୋଇ ଆସିଚି
ତୋର ସ୍ମରଣିକାର ଆରମ୍ଭକୁ ।

ଦେବି ତତେ ମୋର କ୍ଲାନ୍ତିର ମୁଠାଏ ପାଉଁଶ ?

ଦେବି ଆର୍ଦ୍ର ଇତିହାସରୁ
ବାହାରକରି ମୋର ସବୁତକ ସାରସ ?

ତୋର ଭୂଲତାରେ ଏତେ କଲୁଷ କୋଉଠୁ ଆସେ
ମୋର ଦେଶ
ମୋତେ ଭସାଇଦିଏ ଜଣେ କାହାର ଚେତାହଜିବାର

ହସ୍ତିନାରେ
ପୃଷ୍ଠାଟିଏ ହେବାପାଇଁ ମହାକାବ୍ୟର,
ତୋର କଳୁଷର ଏତେ ଲହୁ କୋଉଠୁ ଆସେ ମୋର ଦେଶ ?
ମୁଁ ଅପେକ୍ଷା କରେ
ଶେଷ ବସ୍‌ରେ
କାଳେ ଆସୁଥିବ କା' ମୋର
ଅଧିକାରର ଫଳମୂଳଭରା ବ୍ୟାଗ୍ ହାତରେ
ଛାଇକୁ କହୁଥିବ ମା'
ମୁଁ ଆଉ ଯିବିନି ବିଦେଶ
ରହିବି ଘରେ
ତୋ' ପାଖରେ ।

୨

ହେ ମୋର ଦେଶ ତୁ କ'ଣ ଜାଣୁ
ମୁଁ କୋଉ ଗାଁର ପିଲା ?
ତୁ କ'ଣ ଜାଣୁ
କୁହୁଡ଼ିରେ ପୋଡ଼ିଲାବେଳେ ଆମ୍ବବଉଳ
ଗୋଟେ କୁଣ୍ଡାପଥରର ଚାନ୍ଦିନୀ ଉପରେ
ଶୋଇଥିଲା ମୋର ପିଲାଦିନ
ଗୋଟେ ଗାର ହୋଇ ଖାତାର
ସ୍ଲେଟର ଖଡ଼ି ହୋଇ
ଚିରନ୍ତନର ଗର୍ଭରୁ
ବାହାରୁଥିଲା କୋଉ ଗୋଟାଏ ସକାଳ
ରଂଗବୋଳି ମୁହଁରେ,
ଖାଇବାପାଇଁ ନଥିଲା ଘରେ
କିରୋସିନ୍ ନଥିଲା ଲଣ୍ଠନରେ
ନଥିଲା ଲୁଣ
ନଥିଲା ସୋରିଷ

ନଥିଲା ଶାଗ, ନଥିଲା ମରିଚ
ନଥିଲା ନିମିଷ
ସମୟର ଖାଲି ଆଖିରେ।

ଛୋଟ ପିଲାଟିଏ ବାହାରିଥିଲା
ନଈଡେଇଁ ଯିବ ବିଦେଶ
ସେଠି ଆଉଟିକିଏ ସହଜ ହୋଇ
ବାହାରିଆସିବ ଚିଲିକା ବଣ ଭିତରୁ,
ଦୂରରେ
ଗୋଟେ ଦ୍ୱୀପ ଦିଶୁଥିବ
ପାଖର ଦୀପାଲୋକରେ ଦିଶିଲା ଭଳି
ସିନ୍ଦୁକ କେତେଯୁଗର।

ଗୋଟେ ପାହାଡ଼ ଉପରୁ ଢଳି ଢଳି
ଶେଷରେ ଲିଭିଯିବ ଆଲୁଅ,
ଗେରୁଆ ପରଟେ ଛାଡ଼ି
ପରକାଳକୁ ଯିବ ପକ୍ଷୀର ସଂଦେଶ
-ବିଷ ଅଛି, ବିଷ ଅଛି
ପାଣିରେ।

୩

ଚିହ୍ନିଚୁ ତାକୁ ଯାହାର ହାତ ଥିଲା
ଧନୁ ଅନ୍ଧାରର
ଯାହାର ଗୋଡ଼ ଥିଲା ଗୋଜିଆ ଦୁଇ ପାହାଡ଼ ମଝିରେ
ପଥ ସୁଦୂରର
ଆଖିର ତାରା ଠାରୁ ବି ଅଥଳ ନିଦ ତା'ର
ସୁନୀଳ ସ୍ୱପ୍ନ ଭିତରେ ତରଳ ନିଆଁ ହୋଇ ଥିଲା।
ସନ୍ତକ ଅୟସ୍କାନ୍ତର ?

ଜାଣିଚୁ ତାକୁ
ଯିଏ ଖେଳରେ ଖେଳରେ
ଗଢ଼ିଥିଲା ଗୋଟେ ଦୁନିଆ
ଯାହାର ଅନ୍ଧାର ଗଢ଼ା ହୋଇଥିଲା
ଝକମକିର ଝଲକରେ
ଯାହାର ଆଲୁଅ ଥିଲା ପରିଚୟଠୁ ବି ସଫା
ଅନ୍ଧାରର ଓଦାକାନ୍ଥରେ !
ସିଏ ବାଣ ତିଆରି କଲାବେଳେ
ବାରୁଦ ଜାଳି ଦେଇଥିବା ଚଇତନ ?

ସିଏ ଡେଣୁଆ ମାରି
କାଚ ଫଟାଇଥିବା ଶୁକ ?
ସିଏ ମହାନୁଭବ ୟୁଜେଷ୍ଟି ଚୌକିଦାର ?
ନା ସିଏ ନଟିଆ ଧନୁର୍ଦ୍ଧର
ଅପେରାର ?

ମୋତେ ଚାହାଁ,
ମୋର ଆଖିରେ ସେମାନେ
ଅଛନ୍ତି ଯଦି
ତୁ ଅଛୁ ମୋର ଦେଶ
ତୁ ଅଛୁ ବୋଲି ରହିବ
ବାଲିହରିଣର ବଂଶ ଚନ୍ଦ୍ରଭାଗାରେ ।

୪

ତତେ କ'ଣ ବା ଦେବି ମୋର ଦେଶ !
ଆଉ ଟିକିଏ ଗାଢ଼ ହେବାକୁ ଦେ
ଲହୁକୁ ମୋର
ଆଉ ଟିକିଏ ଢଳ ଢଳ ହେଉ ଲୁହ ଆଖିରେ,
ପଂଜରାରେ ବାଜୁଟିକିଏ ଲୁହା
କାନ୍ଧର ମୂଳ ଭେଦୁ କାଳର ଫଳକରେ,
ଦେବି ତା'ପରେ
ଗାଢ଼ ଲହୁ
ଦେବି ଧାର ଧାର ଲୁହ
ଦେବି ଦୀର୍ଘଶ୍ବାସ
ଦେବି ସ୍ନାୟୁ ଉର୍ଣ୍ଣନାଭର ।
ସେଥିରୁ ତୁ କ'ଣ ଗଢ଼ିପାରିବୁ ସବୁ ନିରବତାକୁ ଏକାଠି କରି
ଗୋଟେ ପ୍ରାର୍ଥନା ?

ସେତିକିରେ କ'ଣ ମେଣ୍ଟିବ ଭୋକ ?
ରାସ୍ତାର ସରଳତାରୁ କ'ଣ

ଦିଶିବ ସେତିକିରେ ଦିଗ ?
        ଗୁଡ଼ାଏ ଫୁଲ ଫୁଟିଥିବେ ଯୋଉଠି
ସେଠି ପୋଡ଼ି ବି ଯାଇଥିବ ଅରାଏ ଘାସ
ସେଇଠୁ ଫେରୁଥିବ ଭାଇ
ଜମି ବିକି ଖାଲି ହାତରେ ।

୪

ଏମିତି ହେବ ଭାବିନଥିଲି
ଭାବିନଥିଲି
ଘଟିଯିବ ଏମିତି ସବୁ
ଝଡ଼ରେ ଉଡ଼ିଯିବ
ବରଶିଅର ଲୁଗା ଗୁଡ଼ାଇ ଅଣ୍ଟାରେ
କେବଠୁ ବସିଥିବା ସିନ୍ଦୂରିମା
ଜିଅନ୍ତା ପଥରର,
ଠାକୁରାଣୀର ପ୍ରାଣ ପଡ଼ିବ ଯାଇ
ଡହ ଡହ ଖରାରେ
ବିକଳ ବିଲବନରେ
ଅଚଳ ହୋଇଯିବ ସଂସାର।

ଏ ଅଚଳ ସଂସାରରୁ ମୁଁ କ'ଣ ତତେ
ପୁଣିଥରେ ଫେରିପାଇବି ଦେଶ ମୋର ?
ମିଛମନ୍ତ୍ରର ଡହକୁଥିବା ଅଭିଶାପରୁ
ପାଇବି କ'ଣ କେବେହେଲେ
ଶବ୍ଦର ଅକ୍ଷତ ନାଭିକୁ

ହେ ମୋର ହତଭାଗ୍ୟ ଅତୀତ, ମୋର ତୃଣମୟ ତିମିର
ଆଉ ତତେ କ'ଣ ପାଇବି କାଳର ଧ୍ୱସ୍ତ ଶିଳାଲେଖରୁ ?
ବହୁ ଭ୍ରାନ୍ତିରେ ଗଢ଼ା ତୋର ଦେହକୁ
ତୁ ଟେକିଦେଇଚୁ ଝଡ଼ ମୁହଁକୁ
ଉଡ଼ିଯାଇଚି ସହସ୍ର ତାରାଖଚିତ ଉତ୍ତରୀୟ
ଫେରିଚାହିଁନୁ
ଫେରିଚାହିଁନୁ ଅସଂଖ୍ୟ ପଦ୍ମଦଳରୁ ଯେବେ
ବାହାରିଚି ମୋର ଅସ୍ଥିକଂକାଳ
ରକ୍ତ ପିଇଚୁ
ଶୀର୍ଣ୍ଣ ଚନ୍ଦ୍ରଲେଖାରୁ ଫିଟିପଡ଼ିଥିବା
ଶୃଙ୍ଖଳର ।
ମୁଁ ଜାଣେ ତୋର କଟୀସୂତ୍ରରୁ
ଝରିଥିଲା ମୋର ଶୋଣିତ ସେଦିନ
ଝରିଥିଲା ତୋର ଅଂଗୁରୀୟରୁ
ଆହତ ରାକାର ଅଭିଳାଷ
ଶେଷଥର ପାଇଁ ଗର୍ଭରେ ତୋର
ଉଚ୍ଛୁଳି ଉଠିଥିଲା ଅଭୟ ମୋର
କହିଥିଲା: ଯା'ସାଧବାଣୀ
ତୋର ମରଣ ନାହିଁ ଏ ଜନ୍ମରେ
ପଥରର ଶିଳାନ୍ୟାସରେ ତୋର
ଏବେ ବି ଅଛି
ଶ୍ୟାମଳ ସ୍ୱେଦ ଟୋପାଏ ଅକ୍ଷୟର ।
ସେ ଅକ୍ଷୟ କ'ଣ ମୁଁ ?
ସତରେ କ'ଣ ମୁଁ ବଂଚିଥିଲି ସେଦିନ
ଝଡ଼ର ଦୀପାଲୋକରେ
ସମର୍ପଣର ଶିଖାଟିକିଏ,
ବସିଥିଲି ତୋର ବିଧ୍ୱଂସର କବଳରୁ
ପାଇବା ପାଇଁ ବାଳ କେରାଏ
ବୈଶ୍ୱାନରର ?
ସତରେ କ'ଣ ମୁଁ ଥିଲି ସେଦିନ

ଏ ପୃଥିବୀରେ
ଯେତେବେଳେ କଳଙ୍କିତ ହାତ ବୁଲୁଥିଲା
ନିଷ୍ପନ୍ଦ ମାଟିପିଣ୍ଡର ବକ୍ଷୋଜରେ
ଶତଭାର ଫୁଲ ଶଢୁଥିଲା
ବିସ୍ଫୋରିତ ଦିଗନ୍ତର କୁହେଳିକାରେ ?

ହେ ମୋର ଦେଶ
ମୁଁ ତତେ ପାଇବି କୋଉଠି
ତୁ ଯଦି ମାଟିରେ ନାହୁଁ
ନାହୁଁ ଯଦି ଆକାଶରେ
ନାହୁଁ ନିବିଡ଼ ଆତ୍ମଦାନର ବିଳୟରେ ?
କଷ୍ଟଲାଗେ
ଭାରି କଷ୍ଟ ଲାଗେ
କେତେଥର ଭାବେ କହିବି ଯା'
ମୋର ଅଦୃଷ୍ଟକୁ ଯା'
ମୋର ଈସ୍ପାର ପାଷାଣ,
ସେଇଠି ରହ ରହସ୍ୟର ଘନ କୁହୁଡ଼ିରେ
ଜୀର୍ଣ୍ଣ କଟୀରେ ତୋର
ମୁଁ ପିନ୍ଧାଇ ଦିଏଁ ମୋର ମୃତଦେହର ଆଭରଣ ।
କୀଟ ହ'
ପତଙ୍ଗ ହ'
ଖା' ମୋର ଆତ୍ମାର ଖଣିଜକୁ
ସାରାଜୀବନ
ମୁଁ କେବେହେଲେ ବି କହିବି ନାହିଁ
ମୁଁ ହାରିଯାଇଚି ନିଜ ପାଖରୁ
ତତେ ପାଇବି ବୋଲି ଦେଶ ମୋର !

୬

କି ସୁନ୍ଦର ତୋର ଦେହ
ସେଥିରେ ଏ ନୋଳା ଫାଟିଲା
କେମିତି ? କିଏ ତତେ ଏମିତି
ଦଣ୍ଡ ଦେଲା ମୋର ଦେଶ ?

ଆ' ମୁଁ ତତେ
ଝାଡ଼ିଝୁଡ଼ି କୋଳେଇ ନିଏଁ
ଧାନକ୍ଷେତର ସବୁ ଶୁଆଙ୍କ ପରରୁ ଆଣି
ଗୋଳାଇ ଦିଏଁ ଆଉ ଟିକିଏ ସବୁଜ ତୋର
ଫିକା ପଡ଼ିଆସୁଥିବା ଗଳାରେ,
ଆ' ଫେରାଇ ଦିଏଁ
ତତେ ତୋର କଙ୍କାଳସାର ଉପକଥାରୁ
ଅଲଗାହୋଇ ପଡ଼ିଥିବା ସେଇ ସାରାଂଶକୁ,
ସେଠି ଖୁବ୍ ଶୀତ ପଡ଼େ
ଦେଶ ମୋର,
ସେଠି ଜଳିଯାଏ ଚମ ଖରାରେ, ସେଠି

ଘର ଧୋଇଯାଏ ବର୍ଷାରେ
ସେଠି ପତ୍ରର ଶିରାରେ ରହେ କୀଟ,
            କେତକୀରୁ ବାହାରେ
ଶଢ଼ାମାଟିର ଗନ୍ଧ,
            ଗୋଧୂଳିର ବିସ୍ମୃତି ପାଇଁ
            ସନ୍ଧ୍ୟା ଆଗରୁ
ମରି ପଡ଼ିଥାଏ ଜହ୍ନ ଅଗଣାରେ।

            କେହି ରହେନି ସେଠି
ସାରାଂଶର ଅସ୍ଥି ଛଡ଼ା କିଛି ନଥାଏ ସେ କାହାଣୀରେ।

୭

କହ କେତେ ମିଛ ରଖିଚୁ ତୋର ପେଟଭିତରେ
ଏତେ ବଡ଼ ମରୁଭୂମିରେ
କୋଉଠି ରଖିଚୁ ହ୍ରଦ ଦ୍ରୋହର ?

ସବୁ ଯଦି ସେମିତି କଂଚା
ଯଦି କେବେ ପାଚେନି ଫଳ ମନ୍ତ୍ରପାଣିରେ
ଗଜୁରିଥିବା ଗଛର,
ଯଦି ନଥାଏ କେହି
ଆରକୂଳରେ ଯିବା ଲୋକର ଲୁଗା ଛଡ଼ା ଯଦି
କିଛି ନଥାଏ ତୁଠରେ,
ତୋର ହ୍ରଦରୁ ଉଠୁଚି
ଏତେ ବାଂଫ କୋଉଠୁ ?
କୋଉଠୁ ଆସୁଚି ପରସ୍ପରକୁ
ହାଣି ଶୁଆଇଦେବାର ପ୍ରଶ୍ନ ଗାଥାରେ ?
ସେମିତି ରଖିଥା ସେ ମିଛକୁ
ଦେଶ ମୋର, ରଖିଥା ମାଟିର ଧାତୁ କରି

କ୍ଷୀର କରି କ୍ଷୟର, ଅନ୍ନର ରକ୍ତ କରି
ଦେ’ ନା ତା’ ହାତକୁ ଯିଏ
ଆସିଚି ଧରିନେବା ପାଇଁ ଧନଂଜୟକୁ ଜୁଆଖାନାରୁ;
ଯାହାର ହାତରେ ଅଛି
ଆଉ ଗୋଟାଏ ବଡ଼ ମିଛର ଫାଳେ,
ପୃଥିବୀର ସେ ନିଷ୍ଫଳତାକୁ
ମୋ’ର ବୋଲି କହନା
ଯାଉ ଦୂରେଇଯାଉ ଘର
କହନା କହନା
କେତେ କଷ୍ଟ କୋହ ଢୋକିବାରେ
କେତେ ଯାତନା
କାହାରି ନହେବାରେ !

୮

ତୋର ମନେଥିବ ମୁଁ କେତେ କଷ୍ଟରେ
ବାହାରିଥିଲି ସେଦିନ-
ବର୍ଷା ଚାଲିଥାଏ ସକାଳୁ ଅବିରାମ
କୁଢ଼ କୁଢ଼ ଉଜୁଡ଼ାଘର ଭାସୁଥାନ୍ତି ବଢ଼ିପାଣିରେ,
କୋଳରେ ଧରି ଠାକୁରଙ୍କୁ ଗୋଟେ ପାଗଳ ରାଜା
ବାହାରିଥାଏ ଭିକାରି ବେଶରେ।

ସେ ପ୍ରଳୟରୁ ସେଦିନ କାହାରି ବଂଚିବାର ନ ଥିଲା
ଦେଶ ମୋର
ତୁ ବି ସେତେବେଳକୁ ଉଠିନଥିଲୁ ନିଦରୁ
ତୋର ଉପାୟ ନଥିଲା
ବଂଚିବାର।
ସେ ରାଜା ପଛରେ ଯାଇ ଯାଇ
ମୁଁ ପହଂଚିଥାନ୍ତି ବୋଧେ
ତୋର ବନ୍ଦ୍ ଆଖିର ସୀମାରେ
ସେଠୁ ଯାଇଥାନ୍ତି ବୁହାହୋଇ ବାଉଁଶତାଟିରେ

ଫିଙ୍ଗାହୋଇଥାଆନ୍ତି କୋଉ
ଅପନ୍ତରାରେ ।
ମୁଁ କେତେକଷ୍ଟରେ ବାହାରିଥିଲି ସେଦିନ
ଜାଣିଚୁ ଦେଶ ?
ଜାଣିଚୁ ମୁଁ କେତେକଷ୍ଟରେ ବାହାରିଥିଲି ସେଦିନ
ହେବାପାଇଁ ଇତିହାସ ?
ମୋର ପାଦ ଥରୁଥାଏ
ପାଟିରୁ ଫୁଟୁନଥାଏ କଥା
ଜଣେ କିଏ ଘୋଡ଼େଇ ଦେଇଥାଏ
ଦେହରେ ମୋର ଖଣ୍ଡେ ଲୁଗା
ବୁଜୁଳାରେ ଥାଏ ମୁଠାଏ ଭୁଜା,
ରାଜାଙ୍କୁ ଛାଡ଼ି ମୁଁ ବାହାରିଥାଏ ଏକା ଏକା
ସାତପୁରୁଷର ଖଣ୍ଡେ ଅସ୍ଥି ନେଇ ଗଙ୍ଗା,

କଳସରେ ଥାଏ
ମୁଠାଏ ପାଉଁଶ ଯୁଗଯୁଗର
ଭସାଇ ଦେବା ପାଇଁ
ପାଣି ନଥାଏ ଆଖିରେ ।

ଗଙ୍ଗା ସେମିତି ବୋହୁଥାଏ
କେଜାଣି କାହା ଦୁଃଖରେ
ଖଣ୍ଡେ ପୋଲ ଥୁଆହୋଇଥାଏ ପଞ୍ଜରା ଭଳି
ପାଣି ଉପରେ ।

୯

ତୋର ଅନେକ ନଈ
ବାଛି ଦେ' ସେଥିରୁ ଗୋଟେ
ମୁଁ ଯିବି ଗାଧୋଇ ।
ଲଂଗଳା ହୋଇ ପାଣିରୁ ଉଠିଚି
ଯୋଉ ପିଲାଟି, ଜାଣିଚୁ ତାକୁ ?
ସିଏ ମୋର ଅଝଟ ଭାଇ
ଦେ' ତାକୁ ଦେ' ଭାରେ କଇଁଫୁଲ, ଗୋଟେ
ଅଥଳତଳ,
ଡରାନା ମୋତେ ମୁଁ ଯିବି ଗାଧୋଇ ।

ଜାଣିଚୁ ମୋର କପାଳରେ ଅଛି କି ସବୁ ଲେଖା ?
ସେସବୁ କ'ଣ ମୁଁ ପାରିବି ଧୋଇ ?

ମୁଁ ନ ହେଲେ ମୋର ଭାଇ
ଆଣିବୁ ତତେ ବହୁଦୂରରୁ ନହର କାଟି
ଛୋଟ ଆମର ମରୁଭୂମିକୁ

ତୃଷାରେ ଫୋଡ଼ି ଘଂଚମେଘରୁ ଟୋପାଏ ପାଣି
ତତେ ଦେବି କି ଦେଶ ?
ଦେବି କି ତତେ ଆଉ ଗୋଟାଏ ନଈ
ଯାହା ତୋର ମାନଚିତ୍ରରେ ନାହିଁ ?
ସେ ନଈ ଥିଲା ମୋର
ହାତ ପାପୁଲିର ଗାରରେ ମୋର ଭାଗ୍ୟ ହୋଇ
ତାକୁ ମୁଁ କେତେଥର ଲଂଘିଚି ମୋର ଭଂଗା ଡଂଗାରେ
କେତେଥର ମୁଁ ତାକୁ
ଶୁଆଇ ଦେଇଚି ତୋ' ମୋ'ଭିତରେ କରି
କେତେଥର ମୁଁ ଗାଧୋଇ ସାରି ବାହାରିଚି ତା'ର ପଙ୍କପାଣିରୁ
ତମ୍ବା ହୋଇ ରକ୍ତର,
ସେ ମୋର ଅତୀତ, ତାକୁ ନେ'
ଦେ' ମୋତେ ତୋର ନଈରୁ ଗୋଟେ
ମୋ' ଦେହ ସାରା କାଦୁଅ
ମୁଁ ଯିବି ଗାଧୋଇ ।

୧୦

ପ୍ରଥମେ କିଛି ନଥିଲା ସେଠି
କେହି ନଥିଲେ
ତୁ ଥିଲୁ ଏକା, ତୋର ମାଟିରେ
ଅସଂଖ୍ୟ ଅଶ୍ୱାରୋହୀ ଥିଲେ
ଅଦୃଶ୍ୟ ପବନରେ,
ସଂକେତ
ଫୁଟିଆସୁଥିଲା ଉଷାର କପାଳରେ।

ଶୂନ୍ୟକୁ ଆଉ ଲେଖିବି କେଉଁ ଭାଷାରେ
ଦେଶ ମୋର ?
ନିରନ୍ତର ମଥା ପିଟିବାରେ ଆଉ କି କାନ୍ଦ ଥାଇପାରେ,
ଜୀର୍ଣ୍ଣ ମେଖଳାରେ
କି ସ୍ୱପ୍ନ ଥାଇପାରେ ଦିଗମ୍ବରାର ?
ଭାବିଲି ସେଦିନ ଆଉ ଫେରିବିନି ତୋ କୋଳକୁ,
ସମୁଦ୍ରକୁ ଶିପରେ ପାଇବାର ଗପ କହନା
ଶିପ ସହିତ ମୁଁ ଗିଳିସାରିଚି ସମୁଦ୍ରକୁ,

ଦେଶ ମୋର
ମୁଁ ବଢ଼ିସାରିଚି ମୋ' ଆଗପାଦଠୁ ଆଗକୁ
ମାଟିର ଫସଲ ହେବି ବୋଲି ପିଇସାରିଚି
ସବୁତକ କାକର ଶଂଖରୁ
ଅନନ୍ତ ବେହରଣର ନିଶାରୁ ଆସି
ଫୁଲ ଫୁଟାଇ ସାରିଚି ବଲ୍ମୀକରୁ ।

ମୋତେ ଭୁଲାନା ଆଉ, କହନା ଆଉ
ମିଳିବ ନିଆଁ ଅସ୍ତରାଗରେ ।
ମୁଁ ତ ନିଜ ଖୁସିରେ ଫେରିଚି
ଫେରିବି ନାହିଁ ତ ଯିବି କୁଆଡ଼େ ?
ଘୋଡ଼ା ଛୁଟାଇ
ତୀର ପଛରେ କିଏ କେତେ ନ ଗଲେ,
ତତେ ପାଇଲେକି ଶାଳ୍ମଳୀର କ୍ଷତରେ ?

୧୧

ସ୍ୱପ୍ନରେ କାଲି ଦେଖିଲି ତତେ
ତୁ ଦିଶୁଚୁ ତୋର ମାଟିଗୋଡ଼ିର ମୀନାକାମଠୁ ବି ସୁନ୍ଦର
ଆଲୁଅର ଜରିକନାରେ
ପଡ଼ିଚି ଛାଇ ସୁହାସିନୀର
ଆଖିରୁ ଝରିଯାଉଚି ଲୁହ,
ତୁ ଧରିଚୁ କୋଳରେ
ମଳାଦେହ ପବନର।

ଆଉ ଉପାୟ ନାହିଁ
କହି କହି ଝାସ ଦେଇ ଚାଲିଚି ବାରମ୍ବାର
ସେଇ ଗୋଟିଏ ଲୋକ, ଗମ୍ବୁଜରୁ
ଡାକ ଶୁଭୁଚି ତ୍ରାହି ମାଂ
ତୁ ମୂକବଧିର ସ୍ତନକ୍ଷୟର ପାଟିରେ ଦେଉଚୁ କ୍ଷୀରଧାର।

ଏ କି ସ୍ୱପ୍ନ
କହ ଦେଶ ମୋର, ଏଥିରେ

କୋଉଠି ଅଛି ମୋର
ସାତଏକର ନଡ଼ିଆବାରି
ମାଛପୋଖରୀ
କୋଉଠି ଅଛି କନକଗୋରୀ ?
ଏତେ ଗୁଡ଼ାଏ ନିରବତାକୁ
କିଏ କେବେ ସାଧିପାରିବ ଶବ୍ଦରେ ?
କିଏ କେବେ କହିପାରିବ ସବୁବେଳେ ଥାଏ ଟୋପାଏ
କ୍ଷୀର ଥନରେ ?
ଏ ସ୍ୱପ୍ନ ମୋତେ କହିଚି କାଲି
ସକାଳ ହେବ ପୁଣିଥରେ
ସଫାହେବ ରାସ୍ତାଘାଟ
ପୋଖରୀରୁ ଉଠିବ ଦଳ,
ରଣକୁହୁଡ଼ିକୁ ସମଗରାର ପାଟ ଭାବି
ଭୁଲ୍‌ରେ ଓହ୍ଲାଇବେ ଦଳେ ପକ୍ଷୀ ଖୁସିରେ,
ପଥରରୁ ଶୋଷି ଶୋଷି ରସ
ବଡ଼ ହେବେ ଗଡ଼ର ଭଂଗାହାଡ଼ରୁ ବାହାରିଥିବା
ପୁଞ୍ଜେ ଘାସ,
ତାକୁଇ ନେଇ ହସିବ ଦେଶ
ତାକୁ ନେଇ ଲେଖିବେ ଇତିହାସ ସାତଭାଇ
ଅନନ୍ତ ବନବାସର ।

୧୨

ଦେଖାନା ମୋତେ ତୋର କ୍ଷତ ଦେଶ ମୋର
            ମୁଁ ବୁଡ଼ିଯିବି
            ତା'ର ଲହୁରେ।
ଏମିତି ପୁଣି କ୍ଷତ ହୁଏ ପଥର ଚଟାଣରେ
ଏମିତି ଢଳେ ପାହାଡ଼, ବଜ୍ର ବାଜେ,
ମୂଳରୁ ଉପୁଡ଼େ ନୀଳକନ୍ଦରର ତରୁ
ବିଜୁଳି ଖୋଜେ ନିଜର ଚେର, ବରାଭୟର
ଚିତ୍କାରରୁ ବାହାରେ ଜରତ୍କାରୁ!
            ଅତି ଭୀଷଣ ସେ କାହାଣୀ
ତା'ର କୋଉ କୋଣରେ ନଥାଏ ପରାଗ,
ତା'ର ପରାଗରେ ବି ନଥାଏ ସୋହାଗ ସୁପର୍ଣ୍ଣାର,
ଗୋଟେ ମିଛ ସମାପ୍ତି ଆଡ଼କୁ ମୁହାଁଇ ଥାଏ
ଅସ୍ତ୍ର ହାତରେ ଘାତକ,
            ଆ' ମୁଁ ଘୋଡ଼ାଇ ଦିଏଁ,
ତୋର କ୍ଷତ ମୁହଁରେ ଥୋଇ ଦିଏଁ କରପଲ୍ଲବ କାଳିର,

ମୁକୁଳିତ ଘ୍ରାଣ ମୋର
ବ୍ୟାପ୍ତ ଚରାଚର
ଓଟାରିନେଉ ତା'ର ପ୍ରାଣ ନିମିଷକରେ,
ସେ କ୍ଷତ ହେଉ
ମୃତ ଅଭିମାନ ଏ ଶତାବ୍ଦୀର ।

ତାକୁଇ ଆବୋରି ରଖୁ
କାଲି ସକାଳର ଆଶା ମୋର
        ମୋର ଅହଂକାର,
ଦେଖାନା, ଦେଖାନା ମୋତେ
ତୋର ସେ କ୍ଷତ ଦେଶ ମୋର ।

ମୁଁ କ'ଣ ଜାଣେନି କେତେ ଭୟଙ୍କର
ଥିଲା ସେଦିନର ବିପର୍ଯ୍ୟୟ ?
        ତୋପରୁ ନିଆଁର ବିସ୍ଫୋରଣ
ଉଠିବା ଆଗରୁ
        କଅଁଳ କଦଳୀପତ୍ର ଉପରେ ମୁଠାଏ
ମଲ୍ଲିଫୁଲ ଥୋଇବାରେ ପଣ ଲେଖାଥିଲା, ହେଲେ
        ସବୁକିଛି ଘଟିଗଲା ଅଚାନକ
        -ତୋର ଦୋଷ କ'ଣ ?
        ଦୋଷ ବା ଆଉ କାହାର ?

୧୨

ଦେଖାନା ମୋତେ ତୋର କ୍ଷତ ଦେଶ ମୋର
ମୁଁ ବୁଡ଼ିଯିବି
ତା'ର ଲୁହରେ।
ଏମିତି ପୁଣି କ୍ଷତ ହୁଏ ପଥର ଚଟାଣରେ
ଏମିତି ଢଳେ ପାହାଡ଼, ବଜ୍ର ବାଜେ,
ମୂଳରୁ ଉପୁଡ଼େ ନୀଳକନ୍ଦରର ତରୁ
ବିଜୁଳି ଖୋଜେ ନିଜର ଚେର, ବରାଭୟର
ଚିତ୍‌କାରରୁ ବାହାରେ ଜରତ୍‌କାରୁ!
ଅତି ଭୀଷଣ ସେ କାହାଣୀ
ତା'ର କୋଉ କୋଣରେ ନଥାଏ ପରାଗ,
ତା'ର ପରାଗରେ ବି ନଥାଏ ସୋହାଗ ସୁପର୍ଣ୍ଣାର,
ଗୋଟେ ମିଛ ସମାପ୍ତି ଆଡ଼କୁ ମୁହାଁଇ ଥାଏ
ଅସ୍ତ୍ର ହାତରେ ଘାତକ,
ଆ' ମୁଁ ଘୋଡ଼ାଇ ଦିଏଁ,
ତୋର କ୍ଷତ ମୁହଁରେ ଥୋଇ ଦିଏଁ କରପଲ୍ଲବ କାଲିର,
ମୁକୁଳିତ ଘ୍ରାଣ ମୋର

ବ୍ୟାପ୍ତ ଚରାଚର
ଓଟାରିନେଉ ତା'ର ପ୍ରାଣ ନିମିଷକରେ,
ସେ କ୍ଷତ ହେଉ
ମୃତ ଅଭିମାନ ଏ ଶତାବ୍ଦୀର।

ତାକୁଇ ଆବୋରି ରଖୁ
କାଲି ସକାଳର ଆଶା ମୋର
ମୋର ଅହଂକାର,
ଦେଖାନା, ଦେଖାନା ମୋତେ
ତୋର ସେ କ୍ଷତ ଦେଶ ମୋର।

ମୁଁ କ'ଣ ଜାଣେନି କେତେ ଭୟଙ୍କର
ଥିଲା ସେଦିନର ବିପର୍ଯ୍ୟୟ ?
ତୋପରୁ ନିଆଁର ବିସ୍ଫୋରଣ
ଉଠିବା ଆଗରୁ
କଅଁଳ କଦଳୀପତ୍ର ଉପରେ ମୁଠାଏ
ମଲ୍ଲିଫୁଲ ଥୋଇବାରେ ପଣ ଲେଖାଥିଲା, ହେଲେ
ସବୁକିଛି ଘଟିଗଲା। ଅଚାନକ
— ତୋର ଦୋଷ କ'ଣ ?
ଦୋଷ ବା ଆଉ କାହାର ?

୧୩

ଏଯାଏଁ ମୁଁ ବୁଝିନି କିଛି
ବୁଝିନି ତୋର ଆଖିରେ ଥିଲା
କିଭଳି ଭାଷା,
ତୁ କାହାର ହେଲୁ କେବେ,
କୋଉଠୁ ଆସିଲା,
ଏଡ଼େ ବିରାଟ ତୃଣଭୂମିର ଆଶା ତୋର ମରୁବାଲିରେ।

ହାରକରି ଲମ୍ବାଇଦେଇଚି ଗଳାରେ ତତେ
ଧୂଳିକରି ବୋଳିଦେଇଚି ପାଦରେ,
କେବେ ପଚାରିନି କାହିଁକି ତୋର
ନୀଡ଼କୁ ଆଉ ଫେରିଲେ ନାହିଁ ପକ୍ଷୀ।
କାହିଁକି ତୋର ପୁଅ ଉଠିଲାନାହିଁ ନିଦରୁ।

ମୁଁ ସବୁବେଳେ ଭାବିଚି ମୁଁ ଥିବି ସେଯାଏଁ
ଯେଯାଏଁ ଅଛି ତୃଷା ମରୁବାଲିରେ!

ହେ ମୋର ଦେଶ, ହେ ମୋର ନିଦାଘ
ମୁଁ ଫେରିଚି ଘରକୁ ବହୁଦିନ ପରେ।

୧୪

ପଚାରିବୁନି କୋଉଠି ଥିଲି ଏଯାଏଁ?
-ଥିଲି ଏମିତି ଗୋଟେ ବସନ୍ତରେ
ଯାହାର ନାଁ ଧରିଲେ ନିଆଁ ଲାଗିଯାଏ ନିର୍ମୋକରେ
କି ଭୟଙ୍କର ସେ ବସନ୍ତ
ମୋ'ଠାରୁ ବେଶି କିଏ ଜାଣେ?

ଫଳଫୁଲରେ ଲଦି ହୋଇଥିଲା ଗଛ ହାଡ଼ର,
ପବନରେ ସୁଗନ୍ଧ ଥିଲା
ପୋଡ଼ା ସଳିତାର, ଧୀରେ ଧୀରେ
ପାଣି ଉଠୁଥିଲା ଶାଖାର ସବୁଜିମାରେ, ମୂଳ
ଆହୁରି ମାଗୁଥିଲା ପାଇବା ପାଇଁ ଦେ',
ପ୍ରାନ୍ତର ସାରା ବୁଲୁଥିଲା
ଗୋଟେ ପ୍ରତିଧ୍ୱନି ଲେଉଟିଆସି ବିଳୟରୁ,
ପରାଗରେଣୁରେ ଥିଲା ଆଶଂକା କେତେ ଶତାବ୍ଦୀର।

ମୁଁ ଥିଲି ସେ ବସନ୍ତରେ,
ହାତରେ ପତାକା ଧରି ପଚାରୁଥିଲି

କାହାପାଇଁ ଏ ଆଟୋପ ଶ୍ମଶାନର
କେଉଁ ବିନିଦ୍ର ପରାଜୟରେ ଲେଖିବୁ ମୋର ଭାଗ୍ୟଲିପି ?
କାହାକୁ କହିବି ଜାଣିନଥିଲି
ଜାଣିନଥିଲି କୁଆଡ଼େ ଯିବି ।

ସେ ବସନ୍ତରେ ବି ଥିଲା ମୋର ଅସ୍ୱୀକାରର
ଝଂଜାପବନ, ଥିଲା ମୂଳରୁ ଭୁଲିଯାଇ ପୁଣି
ଗୁଣିହେବାର ମରଣ,
ଜାଗ୍ରତ ମୋର ପରାଜୟରୁ
ବାହାରି ଆସି ଗୋଟେ କାରଣ, ଧରା ଖୋଜୁଥିଲା ସାରାଦିନ ।

ସାରାଦିନ ଲାଗିରହିଥିଲା ଭୟ
ମହାମାରୀର,
ହେଲେ ମୋ' ଛଡ଼ା ଆଉ କାହାରି ନଥିଲା
ମରିବାର ସେଦିନ ।

୧୫

ମରିବାର ନଥିଲା ମୋର ମୁଁ ଜାଣେ
ଥିଲା ଦେଶକୁ ଫେରିବାର,
ଫେରିବାର ବାଟ ଥିଲା ହିଂସ୍ର ଶ୍ୱାପଦର, ଘୋର ଅରଣ୍ୟରେ
ବାଟ ଥିଲା ଜ୍ୱଳନ୍ତ କ୍ଷୁଧାର।

ସେଇଠି ଥିଲା ସେ ଜୀର୍ଣ୍ଣ ସରୋବର
ପିତୃପୁରୁଷଙ୍କ
ଅସ୍ଥି ଓ ମଜ୍ଜାରେ ଗଢ଼ା ଜଳସମାଧିର ଅନ୍ତଃପୁର
ସେଥିରେ ବିଂବିତ ମୋର ତ୍ରୟୋଦଶ ଅହଂକାର
ଦ୍ୱାଦଶ ବିକାର।

ନିଜେ ମୁଁ ଶ୍ୱାପଦ ବୋଲି ଜାଣିନି କି ?
ଜାଣିନି କି ଦେଶ ମୋର, ମୋର ଶୋଣିତରେ
ରହିଚି ଶୋଣିତ ମୃତ ଛାଗଳର, ଗୟଳର ଶିଂଘଭଳି
ଦିଶେ ଯେଉଁ ଶୃଂଗ, ଯେଉଁ ତିମିର କନ୍ଦର ଦିଶେ
ମୃତ କୃଷ୍ଣସାର ଆଖିଭଳି ଶୂନ୍ୟ ଓ କରୁଣ, ସେଥିରେ ବି ଅଛି

କେଉଁ ସିଂହୀର କେଶର
ନଖଦାନ୍ତ ନଷ୍ଟ ସମୟର !

ମୁଁ କ'ଣ ଜାଣେନି ମୋର ନାଁ ନାହିଁ,
କେବଳ ଅକ୍ଷର
ଅକ୍ଷରକୁ ଧରେ ତା'ର ରଜ୍ଜୁରେ, ପ୍ରବଳ
ଚକ୍ରବାତ ଠେଲିହୋଇ ଆସେ ଧାତିକାରୁ
ଉଡ଼ିଯାଏ ସମସ୍ତ ସମ୍ବଳ।
ରୁଗ୍ଣ ଓ ଏକାକୀ ତାରା
ଛାୟାପଥ ଡେଇଁଯାଏ
ଯାଏ ମେଘାସନ,
ଜଳୁଥାଏ ଦୀପଶିଖା ଅନିର୍ବାଣ
ଗର୍ଭର କୁଟୀର ଖୋଲାଥାଏ ଫେରିବ ଶ୍ରାବଣ
ବିବର୍ଣ୍ଣ ନିଦାଘ ପରେ

ଦେଶ ମୋର ଶୁଣ:
ମୁଁ ତୋର ସନ୍ତାନ ନୁହେଁ, ମୁଁ ତୋର ସେ କଳ୍ପନାର ଭ୍ରୂଣ
ଯାହାପାଇଁ ଲେଖାହୁଏ ଯୁଗେଯୁଗେ ଇତିହାସ, କାବ୍ୟ ଓ ପୁରାଣ।

୧୬

ଦେଶ ମୋର ତୁ କେବେ ଦେଖିଚୁ ତୋର ମୁହଁ
　　　　ମୋ' ମୁହଁର ଦର୍ପଣରେ ?
　　　　-ଦେଖିବୁ ଥରେ ?
ଦେଖିବୁ କେତେ ଗାର ସେଥିରେ,
　　　　ମୋଡ଼ି ମୋଡ଼ି ହୋଇ ଉଠୁଚି ଯେଉଁ ଧୂଆଁ ସୋରାଏ
　　　　ସୋହାଗର,
　　　　ସେଥିରେ ଅଛି କ'ଣ ସହସ୍ର ଶତାବ୍ଦୀର
　　　　ଝର ଝର ମାଟି ଛଡ଼ା ?
କିଏ କେତେ ଆସିଲେ, ଗଲେ,
　　　　କିଏ ଦେଉଳ ତୋଳିଲା
　　　　କିଏ ଖୋଳିଲା କବର
କାହାର ହାତ ଥରିଲା ଖଣ୍ଡା ଧରିଲା ବେଳେ,
କିଏ ମୁକୁଟ କାଢ଼ି ଫିଙ୍ଗିଦେଲା, କିଏବା
ଧନୁଟିଏ ଗଢ଼ିଲା ବୁଢ଼ାବାପର ହାଡ଼ରୁ
କିଏ ଶିଶୁର ଦରୋଟି ଆଣି ତିଆରି କଲା
ସାତତାରାର କଥା, କେତେକାହାର

ଈଶ୍ୱର ନଗଲେ ପତ୍ରର ଗିରିପଥ ଦେଇ
ଅଭିଯାନରେ !

ବ୍ୟଥା ଯୋଉଠି ଥିଲା
ସେଇଠି ରହିଲା ଦେଶ ମୋର
    ଲୁହ ଶୁଖିଲା ନାହିଁ ଆଖିରୁ
ଲହୁ ବୋହି ଚାଲିଲା ଯେଯାଏଁ
    ରହିଚି ଦେହ ରଥରେ ।

କି ଅଭିଶାପ ଏ ଦେଶ ମୋର !
ତୁ କ'ଣ ଦେଖୁନୁ ଆକ୍ରୋଶର କି ନିଆଁ ଉଠୁଚି
ଗଦାଏ ପାଉଁଶରୁ ?
    -ମୁହଁ ମୋର ପୋଡ଼ିସାରିଚି ଧାସରେ
ହୁଏତ କଳାଟିକିଏ ବି ଲାଗିନି ତୋର ମାନଚିତ୍ରରେ ।

୧୭

ମୁଁ ବି ସେମାନଙ୍କୁ ଜାଣେ
            ଜାଣେ ସେମାନଙ୍କର
ଖେଳ ଖେଳିବାର କଳା,
            ସେମାନେ ମୋତେ ଛାଡ଼ିବେ ନାହିଁ ବାଟ,
ଘଟଉପରେ ନଡ଼ିଆଟିଏ
            ଖିଏ ସୂତା
ଏତିକି ଧରି ମୁଁ ଯିବି କେମିତି ସେ ବାଟରେ
ଲଢ଼ିବିବା କେମିତି ସେମାନଙ୍କ ସାଂଗରେ ?
            ସେମାନଙ୍କର ଗୁଳିଗୋଳା, ଖଣ୍ଡାପରଶୁ
ଘରକୋଣରେ ମୁମୂର୍ଷୁ ଧାପେ ନିଆଁ ମୋର
ଚୁଲିର ଥଣ୍ଡା ପାଉଁଶ,
            କଡ଼ କଡ଼ ଡାକୁଥିବା ବାଉଁଶବଣରେ
ଫରଫର ଉଡୁଥିବା ଗୋଟେ ଚିରାକନାର କେତନ ଭଳି
            ଏତେ ଟିକିଏ ସାହସ।

ଝଡ଼ ଆସୁ, ବତାସ ଆସୁ
ମୁଁ ଅଛି ଏଇଠି, ହେଲେ ଠିଆହୋଇ ପାରୁଚି
କୋଉଠି ? ଦେଶ ମୋର

ମୁଁ ହାଣ ଖାଇଲେ କ'ଣ ଶେଷ ମୁଠାକରେ
ତୋର ମାଣ ପୂରିବ ?
 ମାର୍ଗଶିରର ଝୋଟିଚିତାରେ
ଭରିଯିବ ଦୁଃଖର ଅମାର
ଧାନଭଳି ଗଟାହୋଇ ପାରିଲେ ସାରାରାତି ?

ମୁଁ ଠିଆହୋଇ ପାରୁନି ଦେଶ ମୋର
ମୁଁ ନଇଁ ନଇଁ ଘୁଷୁରି ଘୁଷୁରି ଯାଉଚି
ବାଟରେ ଧମନୀରେ ଧାରେ ଲହୁ ଭଳି
ଠିକ୍ ସେଇ ବରମୂଳଯାଏଁ
 ଯୋଉଠୁ ଆରମ୍ଭ
ସେମାନଙ୍କ ପଥରୋଧ, ଯୋଉଠୁ ଆରମ୍ଭ
ତୋର ନାଁ ବଦଳିବା, ଯୋଉଠୁ କ୍ଷେତର
 ହସ ହସିବା ଶେଷ ।

୧୮

ତଥାପି ମୁଁ ହାରିନି
ତୋର ପେଟରୁ ଆଣି ମୁଣ୍ଡାଏ ଲୁହା
ମୁଁ ଘଷି ଚାଲିଚି କେବେଠୁ
          ମୋର ସହିଷ୍ଣୁତାର ପଥର ଉପରେ।

          ଏ ଲୁହା ମୁଣ୍ଡାକ
କେବେ ହବ ଶେଷରେ ହତିଆର
          ରଡ଼ନିଆଁରୁ କେବେ ବାହାରିବ
          ମୋର କ୍ରୋଧର ଧାର
          ମୁଁ ଜାଣେ ନାହିଁ।
ବେଳେବେଳେ ତ ଲାଗେ ଏମିତି ବସିଥିବି
ଆଉ ବସିବସି ଘଷୁଥିବି ଲୁହା,
          ହାତକୁ କେବେ ଆସିବ ନାହିଁ ହତିଆର

          ହାତୀପିଠିର
          ହାଉଦା କେଡ଼େ ସୁନ୍ଦର

ଦେଖ ରଜା ଆସୁଚନ୍ତି
ହୁସିଆର।
ହଁ ହାତକୁ କେବେ ଆସିବ ନାହିଁ ହତିଆର
ଲୋକଭିଡ଼ରେ ଚେତା ହଜିଯିବ ମୋର।

ହାତୀପାଦରେ ଯିବି ?
ଯିବି ରଜାଙ୍କ ଶୂଳରେ ?
ହେ ମୋର ଦେଶ ତୋର କ'ଣ ଆଉ ଅସ୍ତ୍ର ନାହିଁ ଗର୍ଭରେ ?
ମୁଣ୍ଡାଏ ଧାତୁ ଦେଇ କ'ଣ
ତୁ ମତେ କରିପାରିବୁ ଆଗାମୀର
ଅଧିକାର ପାଇଁ ତୟାର ?

ଦେ' ଏମିତି ହତିଆର
ଯିଏ କାଟିପାରିବନି ବେକ
ହେଲେ ଯାହାର ଧାରରେ ଥିବ ମୂକ ମଣିଷର ବିବେକ
ଲେଲିହାନ ହୋଇ କୋଟିଏ ଶାଣିତ ତିରସ୍କାରରେ।

୧୯

କେବେଠୁ ବସିଚି ମୂକ ହୋଇ ।
ସେମାନେ ମୋର ଜିଭ କାଟିନେଲେ
ଧାନ କାଟିଲା ବେଳେ,
ତୋର କ'ଣ ମନେ ନାହିଁ ଦେଶ
ମୁଁ ମେଘତିଆରି କରିଥିଲି ସେଦିନ
ଗେଣ୍ଡାଳିଆ ପରରେ ?

ବର୍ଷିଲା ମେଘ
ଧୋଇଦେଲା ମାଟିରୁ
ରକ୍ତର ଦାଗ
ମୁଁ ରହିଗଲି ସେଇଠି ଯୋଉ ମୂକକୁ ସେଇ ମୂକ ।

ତୁ ନୂଆଧାନର କ୍ଷୀର ଦେଲୁ ମୋ' ପାଟିରେ
ଦେଲୁ ନୂଆ ନୂଆ ମିଠା ଧରିଥିବା କଂଚା ଆଖୁର ରସ
ପୋଛିଦେଲୁ ମୋ' ଆଖିରୁ ଲୁହ
ପଥରର ମୁହଁରେ ଲେପିଦେଲୁ ସିନ୍ଦୂର ।

ମୁଁ ପଡ଼ିଗଲି ସେଇଠି
ସେ ଶିରାଳ ବରଗଛମୂଳରେ।
ସେମାନେ ମୋତେ ଘରକୁ ନେଇ
ଧୋଇଧାଇ ସଫାକଲେ
ପିନ୍ଧାଇଦେଲେ ହଳଦୀଲଗା ଲୁଗା
ବିଂଚିଦେଲେ ଅକ୍ଷତ ମୁଣ୍ଡରେ
କହିଲେ:
ଯା'ଚିରଞ୍ଜୀବୀ ହ'ପଥର
ପାହାଡ଼ ହ'
ଦୁର୍ଗ ହ'
ପ୍ରାଂଗଣ ହ'
ସହ ଆହୁରି ସହ
କହନି କଥା।
ଦେଶ ମୋର, ହେ ମୋର ନିରବତାର ଦେବତା!

୨୦

ତୋର ଅତୀତକୁ ନେଇ ଯିଏ ଲେଖିଲା କାହାଣୀ
ସିଏ କହିଲା–
ଏଡ଼େ ବଡ଼ ମିଛରେ ମୁଁ କୋଉଠି ରଖିବି
ଧରା ଓ ସାଗରକୁ ଏକାଠି ?
ତୋର ଇତିହାସକୁ ସତରେ
କିଏ ଲେଖିପାରିବ ମିଛ ନ ଲେଖି ?

ଏକାଠି ହୋଇପାରିବେ ଧରା ଓ ସାଗର
ହେଲେ ଧରା ଭିତରେ ରଖିଲାବେଳେ ସାଗର
ରହିଯିବ ପୋଷେ ପାଣି ଭିତରେ ଏମିତି ଗୋଟେ ଉଜାଣି
ଯାହାକୁ କଳିପାରିବନି
କୁମ୍ଭ କାଳର
ଯାହାର ବିବରଣୀରୁ
ବାହାରି ଅସଂଖ୍ୟ ପାଦଟୀକା
ଶଂଖ ହେବେ ଶାମୁକା ହେବେ

ଚନ୍ଦ୍ରଭାଗାର କୁମାରୀ ରକ୍ତରେ କଳା ପଡ଼ି ଆସୁଥିବା
କୋଣାର୍କର ବେଳାଭୂମିରେ।

ଏଇ କ'ଣ ତୋର ଇତିହାସ ?
ଶାଳଭଂଜିକାର ବାହୁ ଖସିବା,
ଅଥର୍ବ ଶିକାରୀ ବସିବା ଝାଉଁବଣରେ
ହରିଣୀକୁ କୋଳରେ ଧରି,
ପାପକୁ ଢୋକିନପାରି ଭ୍ରମରୀ
ବାହାର କରିଦେବା ପେଟରୁ ସୁରା ସହିତ ସୌରଜଗତ
ଗୋଟିଏ ଗୁଂଜନରେ ?

ଏଇ କ'ଣ ତୋର ଇତିହାସ
ହେ ଅଦ୍ଭୁତ ଦେଶ ମୋର
ସ୍ଥାପତ୍ୟର ଛାତିଫାଟି ବାହାରିବା ଘାସ ଚିତ୍କାରର !

୨୧

କହିଥିଲି ନା ତତେ
ମୁଁ ବହୁଦୂରରୁ ଆସିଚି
ଆସିଚି ତୋର ଭ୍ରାନ୍ତ ନୀହାରିକାର ପଥଚଲାରୁ
ଅସ୍ଥିର ଆନନ୍ଦ ମୁଁ ତୋର ଶ୍ରାନ୍ତ ଭ୍ରୂଯୁଗଳର
ସିନ୍ଦୂରିମା ?
ଅଜସ୍ର ରକ୍ତ ବୋହିଚି ଦେହରୁ ମୋର
ଅସଂଖ୍ୟ ରକ୍ତପାୟୀ ଶ୍ୟେନର ଚଞ୍ଚୁରେ
ବିଦୀର୍ଣ୍ଣ ହୋଇଚି ନୀଳାଂଚଳ
ମୁଁ ବଂଚିଚି ମୁଠାଏ ମାଟିରେ ତୋର
ପୋତିବି ବୋଲି ଆଦିମ ଶଂଖ ମୋର
ସୁଦୂରର ସ୍ୱନ ଶୁଭିବ ଯେତେବେଳେ
ନଶ୍ୱରର ଆଭରଣରୁ
ବାହାରିବ ତୋର ହରିତିମା ରାତିର ରକ୍ତପିଇ ବିଭୋର।

ଦେଶ ମୋର ମୁଁ ବହୁଦିନରୁ ଭାବିଚି
ତୋର ଅନନ୍ତର ଆଖିରେ

ଭରିଦେବି ସ୍ୱପ୍ନ
    ସ୍ୱପ୍ନରୁ ନେବିନି କିଛି, ଟୋପାଏ ବି ନୁହେଁ
ବରଂ ଗଢ଼ିଦେବି ଆହୁରି ନିବୁଜ କରି ତା'ର ଅନ୍ତଃପୁର
ଦେଇ ଦେଇ ନିଃସ୍ୱ କରିଦେବି ତତେ
    ନିଃସ୍ୱତାର ଏଭଳି କାମନା
ମୋର ପ୍ରତ୍ୟୟର ଶେଷ ଅଧିକାର ।

    ଦେଶ ମୋର
ଚାଖିବୁ ମୋ' ରକ୍ତ ଥରେ ?
    କହିବୁ ଜୀବନ ସାରା ଅପଚୟ ଭାବି
ଧାରଧାର ବୋହିଗଲା ଯାହା
    ଥିଲା କି ସେଥିରେ କେବେ
ସ୍ୱାଦ ଅମୃତର ?

୨୨

ସେ ରାସ୍ତାରେ ଆଉ ଯିବନି
ମୋର ପିତୃପୁରୁଷଙ୍କ
ଅସ୍ଥି ପଡ଼ିଚି ସେ ରାସ୍ତାରେ।

ସେଇ ବି ତ ଗୋଟାଏ ରାସ୍ତା ଥିଲା ଦେଶ ମୋର
ଏ ମୁଣ୍ଡରୁ ସେମୁଣ୍ଡଯାଏଁ ପଡ଼ିଥିଲା ତା'ର ଛାୟାପଥ
ମୋର ଗ୍ରହନକ୍ଷତ୍ରଙ୍କୁ
ମୁଁ ଛାଡ଼ିଦେଇଥିଲି ବୁଲିବା ପାଇଁ ସେ ରାସ୍ତାରେ।

କ'ଣ ହେଲା ସେ ରାସ୍ତାର ?
ଜଣେ ବି କେହି ଲୋକ ନାହାନ୍ତି ସେ ରାସ୍ତାରେ
କାଁ ଭାଁ ଗୋଟାଏ ଦୁଇଟା ପାଚିଲା ପତ୍ର ଉଡ଼ି ଉଡ଼ି
ମାତିଚନ୍ତି ଖେଳରେ
ଗୋଟାଏ ଦଦରା ବସ୍ ଆସିବ ରାତି ଦଶଟାପରେ
ବାସ୍ ସେତିକିରେ
ସରିଯିବ କାମ ସେ ରାସ୍ତାର।

ସେ ରାସ୍ତାରେ
କେହି ଆଉ ଯିବେନି ଭୁଲ୍‌ରେ, ଥରେ ହେଲେ
ସେ ରାସ୍ତାର ପଥରକୁ ମିଳିବ ନାହିଁ ସୁଦୂରର ନିଶାଣ।
ସେ ରାସ୍ତାରେ ମୁଁ ଯିବି
ମୋର ଯେତେ ଗ୍ରହ ଓ ନକ୍ଷତ୍ର
ଯେତେ ମୋର ଶିଳାଲିପି ନଷ୍ଟଚେତନାର
ସବୁଥିରେ ରହିଯିବ କେବଳ ଗୋଟିଏ ଦୀର୍ଘଶ୍ୱାସ
ଅପହଂଚ ଦୂରତାର।
ଦେଶ ମୋର, ଚାଲିଚାଲି ଥକିଗଲା ପରେ
ଦେବୁ ମୋତେ ଆଉ ପାଦେ ଚାଲିବାର ବଳ
କହିବୁ ମୋ' ପିତୃପୁରୁଷଙ୍କ କାନରେ ଯେ ମୋର
ଅସ୍ଥି ବି ପଡ଼ିବ ଦିନେ ଏ ରାସ୍ତାରେ
ମୋର କ୍ଲାନ୍ତ ବିରାମରୁ ଦିନେ
ଉଠିବ ଶୋଣିତ-ବୀଜ
ରିକ୍ତ ପଥଧାର
ଗଢ଼ିଦେବ ଜନପଦ ମୃତ ତାରକାର।

୨୩

ତମେ ଯାଇଥିଲ ସେ ପାହାଡ଼ ପାଖକୁ ?
ଠିଆହୋଇଥିଲ ତା'ର ଧାରରେ
ଚାହିଁଥିଲ ତମର ନଷ୍ଟଗର୍ଭକୁ
ଅଭିଶାପର ବତାସରେ
ପଳିତ ତା'ର କିଶଳୟର ଉତ୍ସବକୁ ?

ସେଠି ଦେଖିଥିଲ ମୋ' ଦେଶକୁ ?
ତା'ର ବିଷାଦର କାଳିମା ଲାଗିଥିଲା କି
ସୁନ୍ଦର ? ଭାବିଥିଲ କି
ଉଚ୍ଛିଷ୍ଟର ଅପ୍ୟାୟନରେ
ପୂରିଯିବ ମୋ ଅନ୍ନଦେବତାର ଜଠର ?

ଦେଶ ମୋର ମୁଁ ତତେ ପଚାରେଁ-
ତୁ ଦେଖିଥିଲୁ କି ତାକୁ
ଯେତେବେଳେ କଳାମେଘରୁ ବାହାରୁଥିବା
ହିଂସ୍ର ପଳାଶର ହାତ

ପଥରରେ ପିଟି ଚୂରି ଦେବାକୁ ଆସ୍ଥାର କୋରକ।
ଉଠୁଥିଲା ଧ୍ୱନି ବିନାଶର
ପତ୍ରଗହଳରୁ ଦେଖିଥିଲୁ କି ତାକୁ ଶୁଭ୍ର
ଦର୍ପଣରେ ଉଷାର
କୁତ୍ସିତ ବ୍ୟାଧିର ଛଉ ମାଡ଼ିଲା ବେଳେ
ଦେହରେ ତା'ର ?

କ୍ଷମାକର ଦେଶ ମୋର
ମୁଁ କହିପାରିନି ସବୁତକ କଥା ମୋର ପବନକୁ,
ଧୂଳିରୁ ଉଠାଇ ରଖିପାରନି
ଗଙ୍ଗଶିଉଳିକୁ ରାତିଯାଏଁ,
ଯାଇ ବି ପାରିନି ହାତରେ ହାତ ରଖି
ନର୍କକୁ, ଭାବିଚି-
ଯାଉ ଯାଉ ହୋଇଯାଉ ଏ ବସନ୍ତ
ଆସ୍ଥା ଯଦି ମରି ଯାଇଚି ଯାଉ ମରିଯାଉ
ବେକରେ ଅନ୍ତନାଡ଼ି ଗୁଡ଼ାଇ ହୋଇ
ଶୈଶବ ମୋର
ଜନ୍ମ ନ ନେଉ ପୃଥିବୀରେ ଅପଗ୍ରହର କବିତା
ବ୍ୟଭିଚାରରେ ତୃପ୍ତ ହେଉ ଦେବତା।

କ୍ଷମାକର ଦେଶ ମୋର
ମୁଁ ଜାଣି ନଥିଲି ତାକୁ
ଦେଖି ନଥିଲି ବି
ତାର ଗୁମ୍ଫାରେ ଲେଖା ଅପଶକୁନକୁ।

୨୪

ତୁ ମତେ ପ୍ରଥମେ କେବେ ଦେଖିଲୁ ଦେଶ ?
ଦେଖିଲୁ ଯେତେବେଳେ ମୁଁ
ପହଁରି ଶିଖୁଥିଲି ନଈରେ
ନା
ଦେଖିଲୁ ମତେ ପାହାଡ଼ ଚଢ଼ି
ଆରପଟକୁ ଓହ୍ଲାଇଗଲାବେଳେ
ନା
ମୋତେ ଦେଖି ନଥିଲୁ ମୁଁ ନମିଶିଗଲାଯାଏଁ
ପାଉଁଶରେ ?

ମୁଁ କିନ୍ତୁ ତତେ ଦେଖିଦେଇଚି ବହୁଆଗରୁ
ତୋର ଅଜାଣତରେ
କବାଟ ଖୋଲି ଚାହିଁଚି ଯେତେବେଳେ
ସୁ ସୁ ବୋହିଯାଇଚି ଅଣଚାଶ
ଗୋଟେ ଚାଳଛପର ଘର ଉପରେ
ଦୀପଡେଜି ଚାହିଁଚି ରାତିର ମୁହଁଟିଏ

ତୋର ମୁହଁ ସାଂଗେ ମୁହଁ ମିଶାଇ
ପେନ୍ଥାବଉଳ ଲଦି ହୋଇଯାଇଟି ଆମ୍ବଗଛରେ
ଶିରାରେ ଛୁଟିଚି ତୁହାକୁ ତୁହାକୁ ଜହର
ଆଖିରେ ନି ଲାଗିଯାଉଚି
କାଲି ଅନ୍ଧାରରେ
ବାଟ ଚାଲିଲାବେଳେ
ମୁହଁକୁ ମୁହଁ ଦିଶୁନି
ପାଦ ପଡୁଚି ଅବାଟରେ।

ସେତିକିବେଳେ
ଦେଖିଚି ତତେ
ତୁ ଉଠିଆସୁଚୁ ପାଣିଫଟାଇ ମୋର ଶୋଣିତକୁ ଆକାଶରେ
ନାଁ ଧରି କେବେ ଡାକିନି ତତେ, ହେଲେ ଜାଣିଚି
ତୁ ଅଛୁ
ମୋର ସବୁ ରାତିର ଶେଷରେ।

୨୫

କେବେ ତତେ କିଛି ନକହିବା
    କ'ଣ ଅପରାଧ
    ଯଦି
ନିରବ ହୋଇ ବସିବା ତୋର ସାଧ ?
    ପାହାଡ଼ ହୋଇ ବସିଚୁ
    ବସିଚୁ ଭୁଶୁଡ଼ି ପଡ଼ିଥିବା ଘର ହୋଇ
    ଗଦାଏ ବାଲି ହୋଇ ବସିଚୁ
    ବସିଚୁ ଜିଅନ୍ତା ଦେହ ହୋଇ
    ମଲାଲୋକର ବିଛଣାରେ
କେବେ କିଛି କହିନୁ
    ପଥରରୁ ବାହାର କରିଚୁ ଲତା
ମାଟିକୁ ପୁଣି ଗଢ଼ିଚୁ ନୂଆ କରି
    ବାଲିରେ ଥାପିଚୁ ଦେବତା
କଥା କହେନି ମଲାଲୋକ ବୋଲି
    ମିଛକୁ କରିଚୁ କବିତା ।

ମୁଁ କ'ଣ ଚାହିଁ ନଥିଲି କହିବି ବୋଲି:
କହିବି ହେ ମୋର ଦେଶ ଦେଖୁଥା
ମୋର ଏ ନୂଆ କଥା କହି ଶିଖୁଥିବା
ଅବୋଧ ଦିନରାତିଙ୍କୁ
ଦେଖୁଥା କିରଣରେ ଜାଳିପୋଡ଼ି
ଥୁଂଟା ଗଛଟିକୁ ମଣିଷ କରିଦେଇଥିବା ଏ ଆଲୁଅଟିକୁ ?

କହିଲି ନାହିଁ
ନିରବତାରେ ତୋର ରଖିଲି ମୋର ନିରବତାକୁ
କେବେ ଦିନେ
ବାଣୀ ଫୁଟିବ ବୋଲି ମୂକ ମୁହଁରେ ।

୨୬

ମୋର ଯେତେ ଭଲପାଇବା
ମୋର ଯେତେ ଭୟ
ସବୁ ନେଇଯା ଦେଶ ମୋର
ଛଡ଼ାଇନେ ମୋ' ହାତରୁ କଳ୍ପନାର କଳା
ଛଡ଼ାଇନେ ମୋର ସବୁ କଳାରୁ
ରୂପରେଖା ଫୁଟାଇ ଜାଣିବାର ଲୟ ।

କାହାରି ଉପରେ ନାହିଁ ମୋର ଅଧିକାର-
ଭଲପାଇବାକୁ କହିପାରିନି ଭଗବାନ
ନିର୍ଭୟ ହୋଇ ବୁଲିପାରିନି ସ୍ମୃତିର ବନସ୍ତରେ
ଚରାଚରକୁ ଭସାଇଦେଇଚି
ନିମିଷକର ନୌକାରେ
ପ୍ରିୟତମାର ମୁହଁକୁ କରିଚି ନିରକ୍ତ ବିବର୍ଣ୍ଣ ।

ମୋର ଭଲପାଇବାରେ
ଅଛି ଭୀଷଣ ପ୍ରତିହିଂସା

ଭୟରେ ଅଛି
ମାଟିର ସବୁ ଫୁଲଫଳକୁ ଗିଳିଦେବାର କାମନା,
କଳ୍ପନାରେ ଅଛି
ସବୁ ଦୋଷ ପାଇଁ ଜଣେ କାହାକୁ ଦୋଷୀ କରିବାର ବାହାନା ।

ମୁଁ ଛାଡ଼ିସାରିଚି ସବୁ ଅଧିକାର
ଦେଶ ମୋର
ବଂଚିତ ହୋଇ ବଂଚିବାର
ଗୋଟେ ବାଟ ଫିଟାଇଚି ମନୋରଥର
ଅପନ୍ତରାରେ ।

୨୭

ଏଯାଏଁ ମୋତେ ଜଣାନାହିଁ
ମୁଁ ଚାଲିଚି କି ନାହିଁ ଠିକ୍ ବାଟରେ
କାଉ ରାବୁଚି ତ
ମୁଁ ଭାବୁଚି
ଏଇ ଠିକ୍ ବାଟ
ଆଲୁଅରୁ ବାରୁଚି
ଠାବ କରୁଚି ଅନ୍ଧାରରୁ
ବର୍ଷାରୁ ନେଉଚି ବିଜୁଳିରୁ
ଫୁଲ ବାସ୍ନାରେ ମହକି ଯାଉଚି
ରାତି ତ ମୁଁ ଭାବୁଚି
ଏଇ ଠିକ୍ ବାଟ ।

ଭାବୁଚି ବୋଧେ ଏଇ ବାଟଟି ଠିକ୍ ବାଟ, ଏଇଠି
ସୀମା ମୋର ଦେଶର ମୁଁ ଏଇଠୁ ଆସିବି ଲେଉଟି ।
କାହିଁ ତୋର ସୀମା ?
କୋଉଠି ?

ଦେଶ ମୋର
ମୁଁ ଯୋଉଠି ଅଛି ସେଇଠି
ଏଣେ
ଯୁଗ ପରେ ଯୁଗ ବିତିଗଲାଣି
ମୋର ପିଠି ଉପରେ
ସୀମା ଖୋଜୁଚି ଦେଶର
ଭାବୁଚି, ପହଂଚିଗଲେ ଥରେ ଆଉ ଆସିବିନି
ଯେତେ ଡାକିଲେ ।

ଦେଶ ମୋର ତୋ ସୀମା ପାଖରେ
ଠିକ୍ କି ଭୁଲ୍ ଜାଣିବା ପାଇଁ
ଅନ୍ଧ ପାଇଁ କ'ଣ ଆଲୁଅ ନାହିଁ ?

୨୮

ମୋ' ଦେଶ ଭଳି ସୁନ୍ଦର ଦେଶ ନାହିଁ କୋଉଠି
ତୁ ସତ କହିବୁ ଦେଶ ମୋର
ମୁଁ ବସିଚି ଏଠି
ହାତ ରଖିଚି ତୋର ଛାତି ଉପରେ
ତାରାର ଲହଡ଼ିରେ ଉଛୁଳିପଡୁଚି ଆକାଶ
ମାଟିଖୋଳି ଉଠୁଚି ଗୋଟେ ଖାଲିହାତର ଥାଳି
ସୋରା ସୋରା ଜହ୍ନ ଆଲୁଅ
ବୋହି ଯାଉଚି ନଈସୁଅରେ ।
ସତ କହିବୁ ଦେଶ ମୋର, ତୁ କ'ଣ ସତରେ ଏଡ଼େ ସୁନ୍ଦର
ଯେ ତୋର ଅନ୍ତରୀପକୁ
ପିନ୍ଧାଇହେବ ଗୁଣା
ତୋର ପର୍ବତକୁ ଦେଇହେବ ଶିରୀଷ ଫୁଲର ଉପମା
ତତେ ରଖିହେବ
କେବଳ ସ୍ୱପ୍ନରେ ?

ତୁ ଚୁପ୍ ହୋଇ ବସିଚୁ
ତୋର ମୁଣ୍ଡା ପାହାଡ଼ ଉପରେ ବସିଚି ଗୋଟେ ଟିକି ଚଢ଼େଇ

ଆଲୁଅର ତୀର ଆସୁଚି ଦୂରରୁ
ଉଡ଼ିଯିବାର ଉପାୟ ନାହିଁ ।

ଯାପରେ ତତେ କିଏ କହିବ ସୁନ୍ଦର ?
ଏମିତି କି ଗୁଣ ଅଛି ବହଳ ନାଲି ରଂଗର ଯେ
ଉଷା ଉଷା କହି ଧାଇଁଥିବ ରାତିର ଶେଷପହର,
ଲୀଳାକମଳ
ରଚି ଯାଉଥିବ ସାଗର ବେଳାରେ ଖେଳ ପରେ ଖେଳ
ଆହୁରି ଖେଳ !

ତୋର ହିଂସ୍ରତାରେ ବି ଯାଦୁ ଅଛି ଦେଶ ମୋର
ଅଛି ତୋର ଭ୍ରାନ୍ତିରେ ଗୋଟେ ମୋହ,
କେହି ନକହୁ ପଛେ
ସୁନ୍ଦର ହୋଇ ରହ-
ଯେମିତି ଅତୀତରୁ ଆପେ ବାହାରି ଆସିଥିବା ଗାଥା
ଯେମିତି ଆଖିର ତଳ ପତାରେ ଅଟକି ରହିଥିବା ଲୁହ ।

୨୯

ଅତୀତକୁ ମୁଁ ଫିଙ୍ଗି ଦେଇ ପାରିନି
 କହି ପାରିନି ସେ ଦିନରାତିର ଛତି
 ସେ କାଠଘୋଡ଼ା
 ସେ ବନମାଟିର ହାତୀ
 ପାଉଁଶ ସବୁ ପାଉଁଶ !

ମୁଁ ହାରି ଯାଇଚି ଦେଶ ମୋର ସବୁବେଳେ
 ସେ ଅତୀତ ପାଖରୁ,
 ପୃଷ୍ଠାରେ ଯାହାର
ଦିଶେ ଅୟସ୍କର ତୃଣଉପରେ
 ହାତ ବୁଲି ଯାଉଚି ଖରାର
ଦିଶେ ପଥରରେ ଉତ୍ତାନ ହୋଇ ଶୋଇଥିବା
 ଗୋଟେ ଗର୍ଭିଣୀ ପରୀର ହସ
ଦିଶେ ଭୟଙ୍କର ରାତିରେ
 ଧଇଁ ସଇଁ ପଶିଆସିଥିବା
 ଛୁରୀ ଆତତାୟୀର
 ନିରୀହ ପିଲାଙ୍କ ବେକ ଉପରକୁ

ଦିଶେ ଦେହରୁ
ଲୁଗା ଗୋଟି ଗୋଟି ଖୋଲିଲାବେଳେ
ଅସଂଖ୍ୟ କଟାଦାଗ ଇତିହାସର।

ମୋର ଏ ହାରିବା କିଛି ନୂଆ ନୁହେଁ,
ମନେଥିବ ତୋର
ବଢ଼ିନଈର ପାଣିକୁ ଥରେ ମୁଁ ପଚାରିଥିଲି
ପଚାରିଥିଲି ଝଡ଼ରେ ଉଡ଼ି ଆସିଥିବା ପତ୍ରକୁ
ବିସ୍ମୟର ଅଳକକୁ ପଚାରିଥିଲି
ପଚାରିଥିଲି ଅସ୍ମିତାର ତିଳକୁ:
ମୁଁ କ'ଣ ପ୍ରଥମେ ଆସିଲି ଏଠିକି
ମୋ' ଆଗରୁ କେହି ଆସିଥିଲା କି ?

ନା ନା ନା ନା-
ଘେରିଯାଇଥିଲା ହାତ ପବନର
ମୋ' ଚାରିଆଡ଼େ,
କଟାଡ଼ି ପଡ଼ିଥିଲା କାନ୍ଦର ଫୁଲଫଳରେ ସୁଶୋଭିତ
ଗୋଟେ ମହୀରୁହ
ତା'ର ଅରଣ୍ୟରେ।

ମୁଁ ଠିଆହୋଇଚି ସେଇଦିନଠୁ
ଇତିହାସର ବାହାରେ।

୩୦

ମୁଁ ଭଲରେ ଅଛି ଦେଶ ମୋର
    ଖାଉଚି ପିଉଚି ହସୁଚି ଖେଳୁଚି
କେବେ କେମିତି ତରୀବାହୀ ଯାଉଚି
    ଉତ୍ତରକାଶୀ
କେବେ କେମିତି ମୁଣ୍ଡପୋତି ହସୁଚି
    ବୈତରଣୀ କୂଳରେ ।

    ଲଂଘିପାରିନି ଯାହାକୁ
ତାକୁ ପୂଜି ବସିଚି ଦେବତା କରି
ବଂଚିପାରିନି ଯାହା ବିନା
ତାକୁ ଅର୍ଘ୍ୟ ଦେଇଚି ଅଥର୍ବତାର
ହେ ମୋର ଦେଶ, ହେ ମୋର ବଂଚିତ ସଂଭାବନା
    ମୋତେ ଆଉ କିଏ ଦେବ କ'ଣ ?
ମୁଁ ସବୁ ପାଇଚି-
    ଗଙ୍ଗାରୁ ଜଳ ପାଇଚି
    ହେମନ୍ତରୁ ହିମ

ଶରତର ସାଗରରୁ ବଳାକା
ଉଦ୍ଧାରର କଳ୍ପନାରୁ ରଚନା ।
ମୁଁ ଭଲରେ ଅଛି,
ଏତେ ଭଲରେ ଯେ
ରାତିର କ୍ଷତ ଦିଶୁନି ଖାଲି ଆଖିକୁ
ଦିଶୁନି ଜ୍ୟୋତ୍ସ୍ନାର ପ୍ରତାରଣା ।
କ୍ଷମାହୀନ ଦିଗନ୍ତର ଭାଲପଟରେ
ତୋର ତାରା ଉଇଁବା,
ପୋଡ଼ିଜଳି ପାଉଁଶ ହୋଇଥିବା ମୋର ସଂଦେହରୁ
ପୁଣିଥରେ ଉଠିବା ରକ୍ତଜବା
କ'ଣ ପ୍ରମାଣ ନୁହେଁ
ଯେ
ଲୁହ ମୋର ବ୍ୟର୍ଥ ଯାଇନି !

୩୧

ମୁଁ କେତେ କୁଆଡ଼େ ଯାଇଚି
ତା'ର କଳନା ନାହିଁ
ଯେମିତି କଳନା ନାହିଁ
ଦେଉଳରୁ ଖସି ପଡ଼ିଥିବା ଅସଂଖ୍ୟ ପଥରର
ଯେମିତି ହିସାବ ନାହିଁ
ନିଖୋଜ ହଂସରାଳିର ଚିଲିକାରେ।

ଉଜୁଡ଼ିଲା ଭଳି କଳାରକ୍ତର ଜରଜର ସେ
ଯାତ୍ରା ମୋର
ଏକାଠି ଆସି ଏକାହୋଇଯିବାର ଆରମ୍ଭ ଭଳି ସେ
ପଥ ମୋର
ତାକୁ ଭୁଲି ବି ଗଲିଣି ଏ ଭିତରେ,
ମନେ ନାହିଁ
କେବେ ଭାବିଥିଲି ମୃଗଭାର ନେଇ
ଫେରିବି ଇତିହାସର ଘୋର ବନସ୍ତରୁ
ମନେ ନାହିଁ

କେବେ ଯାଇଥିଲି ସୋମନାଥର ଧ୍ୱସ୍ତ ମୁଖଶାଳାରୁ
ଆଣିବି ଟିପେ ଧୂଳି
     ମନେ ନାହିଁ

ପାଇଥିଲିକି ନାହିଁ ମଉଳି ଯାଇଥିବା ମେଘପଟଳରୁ
     ଟୋପାଏ ପାଣି ଅନ୍ତରର।
     ଦେଶ ମୋର
ମୁଁ ଆଜି ଠିଆହୋଇଚି ତୋର ସନ୍ଧ୍ୟାଦୀପର
     ଛାୟାଭଳି
          କାଳର ନଷ୍ଟନୀଡ଼ରେ,
ଆଧାର ହାତରେ ଖୋଜୁଚି ମୋର ଭୋକିଲା ଭବିଷ୍ୟତକୁ
ବଂଜର ମାଟିରେ କୁଆଁମେଲାଇ ଉଠିଥିବା ଭୟଙ୍କର ଅତୀତରେ।

୩୨

ଯାହା ଯାହା ଗଢ଼ିଲେ ସେମାନେ
ଯାହାକୁ ନେଇ ମଣ୍ଡିଲେ ରାତିର
ଅମରାବତୀ
ସେଥିରେ କେତେ ଥିଲା କ୍ଷମା
କେତେ ଥିଲା କ୍ଷତି ?

ଦେଶ ମୋର ମୁଁ ମୁଠାଏ ମାଟି ଉଠାଇ ଦେଖିଲି
ଥିଲା ସେଥିରେ ଶୋଣିତ ମୋର ଅଧିକାରର
ଅସଂଖ୍ୟ ମୋର ପିତୃପୁରୁଷ
ଅମୋକ୍ଷ ହୋଇଥିଲେ ଶିରାଳ ଭାଗ୍ୟ ହୋଇ
ଅଶ୍ୱତ୍ଥର ।

ନଥିଲା ଏତେଟିକିଏ କ୍ଷମା ସେଥିରେ
ନଥିଲା କ୍ଷତି
ଅମାବାସ୍ୟାର ଆକାଶରେ ଥିଲା
ଫେରିଆସିବାର ପ୍ରତିଶ୍ରୁତି
ପୂର୍ଣ୍ଣିମାର ।

ମୁଁ ଫେରାଇଦେଲି ମାଟିମୁଠାକ ମାଟିକୁ
ଡାକିଲି ନାହିଁ ସେମାନଙ୍କୁ ଯେ
ଆସ ମୋର ସବୁଜିମାକୁ ଆସ
ଜନ୍ମାନ୍ଧ ବସନ୍ତ
ଆସ ମୋର ପୃଥିବୀର ମରୁଭୂମିକୁ ଆସ
କ୍ଷୀରାବ୍ଧି ହୋଇ ଆସ
ସଜାଇ ଦିଅ ବନସ୍ତରେ ନିଃଶଙ୍କ ଶବ୍ଦକୁ ମୋର।

ମୁଁ ନିଜେ ଗଢ଼ିଲି କାଠରୁ ଦିନଟିଏ
ଗଢ଼ିଲି ମୁଗୁନି ପଥରରୁ ରାତିଟିଏ
ଶିପରେ ଗଢ଼ିଲି ଗ୍ରହତାରା
ସୋଲରେ ଗଢ଼ିଲି ବୃକ୍ଷଲତା।

ମୋତେ କେହି ପଚାରିଲା ନାହିଁ
କାହାପରେ କିଏ
ଜାଣିବାର ଇଚ୍ଛା ବି ରହିଲା ନାହିଁ
ଦେଶ ମୋର ତତେ
ମୋର କ୍ଷୁଦ୍ର କାମନାରେ ଗଢ଼ିଦେଲା ପରେ।

୩୩

କେହି ଆସିଲେ ନାହିଁ ସେଠିକି
ପାଣି
ପବନ
ଆଲୁଅ
ନିଆଁ
କେହି ନଥିଲେ ସେ ଦୁଃଖର ସାକ୍ଷୀ,
ଆଖି ଚାହିଁଥିଲା ଦୂରକୁ ଅନ୍ଧାରରେ
ସୁଦୂରର ହାତରେ ଥିଲା ଶୁଆର ଡେଣା
ଶୁଆପାଦରେ ଲାଗିଥିଲା ଶିକୁଳି
ବାଟବଣା ହୋଇ ପଶିଆସିଥିଲା ବିଜୁଳି,
ଖାଲି ଥରେ
ମେଘର ମନ୍ଦ୍ରନାଦରେ
ଥରିଥିଲା, ମୃତ୍ତିକାର ପଞ୍ଜର, ଖାଲି ଥରେ।

ତା'ପରେ କେହି ନଥିଲେ-
ତା'ର ଆଖିଆଗରେ

ତା'ର ଯୁଗଯୁଗର ସଂଚୟ
ଭୁଷୁଡ଼ି ପଡ଼ିଥିଲା ଗଦାଏ ପାଉଁଶ ଭଳି।

ଦେଶ ମୋର ମୁଁ ନଥିଲି ସେଠି
ରୂପକଥାରୁ ଶୁଣିଲି ଯାହା
ସେତିକି ଲେଖିଦେଲି ବାକି ନରଖି
ମୁଁ ସେଠିକି ଯାଇଥାନ୍ତି କେମିତି
ଦେଶ ମୋର
ମୁଁ କେମିତି ହୋଇଥାନ୍ତି
ସାତରାତିର ଜୀବନ, ଯଦି
କିଛି ନାହିଁ ମୋ' ନୀଡ଼ରେ
ମୁଠାଏ ଭଂଗାତାରାର କାଚ ଛଡ଼ା
ନାହିଁ ଯଦି କାହାରି ପାଖରେ
ଅନନ୍ତର ଠିକଣା ?
ଯାହା ସବୁ ଘଟିଯାଇଚି ତା'ର କାହାଣୀ
ଲେଖି ସାରିଚି ଆଗରୁ ତୋର ହାତ
ସେ ହାତରେ ପଡ଼ିଥିବା ଅସଂଖ୍ୟ
କଳାରେଖା ଭିତରୁ
ମୋର ଗୋଟିଏ
ଗୋଟିଏ ତା'ର।

କେହି ନଥାନ୍ତୁ
ତୁ ଥା'
ଥାଉ ଗୋପନରେ ଭୋଗିବାପାଇଁ
ଏକା ଏକା
ଅସଂଖ୍ୟ ଦୁଃଖ ଜୀବନସାରା।

୩୪

ମୁଁ ବିଦାୟ ନେଇ ଆସିଚି
ସାଗରର ଶଂଖ ପାଖରୁ
ହାତରେ ମୋର ସ୍ତବ୍ଧ ସ୍ୱରଟିଏ କେବଳ
ସୂର୍ଯ୍ୟାସ୍ତର ।

ମୁଁ ଆଉ ଯିବିନି ସେ ବେଳାଭୂମିକୁ
କହିବି ନାହିଁ କେବେହେଲେ ସାରସ ଆସ ମୋର
ତୃଣଶଯ୍ୟାକୁ,
କହିବି ନାହିଁ ସୁନୀଳ ବୈଶ୍ୱାନର
ଆହୁରି ଉତ୍ତପ୍ତକର ମନୋରଥକୁ ମୋର,

ଯିବି ସୂର୍ଯ୍ୟାସ୍ତର ପଛେପଛେ
କିଛି ନଥିବାର ଅଭେଦ୍ୟ ଅନ୍ତରାଳକୁ
ରହିବି ସ୍ମୃତିରେ ଚିରକାଳ
ସ୍ୱର ଖୋଜୁଥିବ ପ୍ରତିଧ୍ୱନିକୁ ।

ହେ ଦେଶ ମୋର
କେତେ କ'ଣ କହିନି ତତେ
ତୋର ସବୁ ଗହ୍ୱରକୁ ମୁଁ ପୋତିଦେଇଚି
ମୋର ସ୍ଫଟିକ ଶବ୍ଦର ହାଡ଼ମାଂସରେ
କହିଚି ଯା'
ଦେଶ ମୋର ଯା' ଚାଲିଯା' ମୋର ପିଠିଉପରେ
ତୋର ଅସଂଖ୍ୟ ରଶ୍ମିରେଖାର
ଜାଲରୁ ମୁକୁଳି
ଯାଉ ତୀର
ସ୍ଥିର ହୋଇ ରହୁ ଲକ୍ଷ୍ୟସ୍ଥଳ ଢଳ ଢଳ ମେଘ ଉହାଡ଼ରେ ।

ଆଜି ଯଦି ମୋର ପାଟି ପଡ଼ିଯାଏ
ଛାତି ଫାଟି ରକ୍ତଝରେ
ଅକ୍ଷରରୁ ପ୍ରସରେ କୁହେଳି
ଅନ୍ଧ ହୋଇଯାଏ ଯଦି ଆଖି ମୋର
ଅସ୍ତ ଶିଖରର,
ଯଦି ତତେ ମୁକ୍ତ କରେ
ଶରୀରର ନିଗଡ଼ରୁ, ଗଢ଼େଁ
ସ୍ମୃତିଚିହ୍ନ ବିଳୟର ସାମ୍ରାଜ୍ୟରେ
ସାଗରକୁ ଦିଏ ଜଳାଞ୍ଜଳି,
ତୁ କ'ଣ କ୍ଷମା କରିପାରିବୁ ଦେଶ ମୋର
ତୁ କ'ଣ କହିପାରିବୁ ଯେ
ସନ୍ତାନ ତୋର ଖେଳି ଖେଳି
ଶୋଇପଡ଼ିଚି ବାଲି ଉପରେ ?

ସ୍ୱପ୍ନରେ ତା'ର
ବୁଢ଼ା ହୋଇ ଆସୁଥିବା ଗୋଟେ ସ୍ମୃତି ପଚାରୁଚି
ଆଉ ଗୋଟିଏ ସ୍ମୃତିକୁ :
କେବେ ପୁଣି
ଏକାଠି ହେବା ବସନ୍ତରେ ? କହିପାରିବୁ
କେତେ ସ୍ୱାଗତ ଥାଏ ଗୋଟିଏ ବିଦାୟରେ ?

୩୫

ତମେ ସବୁ କରିପାରିବ :
ଶୋଇପାରିବ ପଥର ଚଟାଣରେ
ଘୁଷୁରି ଘୁଷୁରି ଯାଇପାରିବ ଅସ୍ତାଚଳରେ
ପାପର ଏ ମୁଣ୍ଡରୁ ସେ ମୁଣ୍ଡଯାଏଁ ଲମ୍ୱିଥିବା ଧାରୁଆ ଖଣ୍ଡାରେ
କାଟିଦେଇପାରିବ ବିଶ୍ୱାସକୁ ନିମିଷକରେ ।

ତମେ ଏତେ ସୁନ୍ଦର ଯେ ଜ୍ୟୋସ୍ନାରେ ତମର
ଅସଂଖ୍ୟ ଅଶ୍ୱାରୋହୀର ଛାୟାଯାଏ ଆହତ ମୃଗ ପଛରେ
ଧୂଆଁରୁ ବାହାର ତମେ ବୋଲିହୋଇ ଶିଖାର ପ୍ରଲେପ
ରାତି ତମକୁ ଡାକିଯାଏ : ଆସ
ମେଲାଇ ଦେବା ନୌକା ଊଷାର ଅରୁଣିମାରେ ।

ହେଲେ ତମେ ଜାଳିଦେଇ ପାରିବ ନାହିଁ ଦେଶକୁ ମୋର
କହିପାରିବ ନାହିଁ ଯେ ରକ୍ତ ନାହିଁ ମାଟିର ଧମନୀରେ
ତମର ସବୁ ଶଠପଣର ହିସାବ ଅଛି ମୋ' ଦେଶ ପାଖରେ ।

ଦେଶ ମୋର, ବଡ଼ ଦୁର୍ଦ୍ଦିନ ଏବେ, ଛାତି ମୋର
ସହିପାରୁନି
ପରାଗରେଣୁ ଝଂଜାବାତର
ବୁଝିପାରୁନି ଯେ ମୁଁ ନଥିଲେ
ନଥାନ୍ତା ଶୀତଳ ବାଲି ଅପ୍ରାପ୍ତିର ବାଲିବନ୍ତରେ।

ତାକୁ କହ ସେ ଫେରୁ
କେହି ତାକୁ କହିବେ ନାହିଁ କିଛି :
ନୌକା ଯଦି ଭାସିଚାଲିଚି ଅଥଳ ଗଣ୍ଡରେ
ଦୋଷକୁ ନେଇ ରଖିବି କୋଉ
କୂଳରେ ?

ଦେଶ ମୋର ମୁଁ ହାରିଗଲିଣି
ତା'ର ମିଛକଥାରୁ ବାହାରି ଆସି
ଗୋଟେ ମିଂଜି ମିଂଜି ଆଲୁଅ
କହିଗଲାଣି ଯେ ସବୁ ତୋଫା ଦିଶୁଚି କଟ କଟ ଅନ୍ଧାରରେ
ଏମିତିକି
ତାର ଦେହ ଆଉ ଦେହ ହୋଇ ନାହିଁ
ବାଟ ହୋଇଗଲାଣି ଅପନ୍ତରାରେ।

୩୬

ହେ ମୋର ଦେଶ
ହେ ମୋର ଅସମର୍ଥ ଆୟୁଷ
କେତେ ଗୋଧୂଳିରେ ମୁଁ ସଜାଇଚି
ତୋର କାରାବାସ,
କେତେ ରାକାର ରୁଣୁଝୁଣୁରେ ମୁଁ
ଭରିଦେଇଚି ତୋର ନିଶ୍ୱାସ
ମୋର ବିଶ୍ୱାସକୁ ନେଇ
ଥୋଇଚି ତୋର କପାଳର ଆହୁତିରେ
ରକ୍ତିମରୁ ରକ୍ତିମ କରିଚାଲିଚି
ସିନ୍ଦୂରକୁ ବିୟୋଗର ସୀମାନ୍ତରେ ।

ଆଉ ବେଶିଦିନ ନୁହେଁ
ବନ୍ଦ ହୋଇଯିବ ଯିବାଆସିବା
ପାହାଡ଼ ତୀଖରୁ ଓହ୍ଲାଉଥିବା ଚଳାଏ ଆଭା ଚିତ୍ରବନର
ଉଭାନ୍ ହୋଇଯିବ ଚିତ୍ରର ହରିଣୀ ଭଳି
ଅଚାନକ,

ଗୁଡ଼ାଏ ପାଦଚିହ୍ନ ରହିବେ ଆହତ ଅହଂକାର ହୋଇ
ବଢ଼ିନଈ ଛାଡ଼ିଯାଇଥିବା
ପଟୁମାଟିରେ।

ଗୁଡ଼ାଏ ଝରା ପାଖୁଡ଼ା
ଟୋପା ଟୋପା ରକ୍ତ ଭଳି ଜମା ହେବେ
ପଥରର ଅନ୍ଧାରରେ।
ତୁ ଚମକିଉଠି ପଚାରିବୁ
ମୋର ବାକିଦିନର ଭସ୍ମବେଦିରେ କିଏ ?

କେହି ନାହିଁ ଦେଶ ମୋର
ପାଦଶବ୍ଦ ଶୁଭୁଚି ଆସିଲାଭଳି
ପାଦଚିହ୍ନ ଦିଶୁଚି ହେଲେ
କେହିନାହିଁ ଧ୍ୱଂସର ନଷ୍ଟପଥରେ
ମୋ' ଛଡ଼ା ଆଉ କେହିନାହିଁ ତୋର ଆଶଂକାରେ।

୩୭

କି ଭୟଙ୍କର ଥିଲା ତା'ର ଛଳନା
କି ଶୀତଳ ଥିଲା ସେ ଉଲ୍ଲଗ୍ନ ଜ୍ୟୋତ୍ସ୍ନାର ଲହୁ
ବ୍ୟଭିଚାରର ଶଯ୍ୟାରେ'

ଦେଶ ମୋର ମୁଁ ଆଉ ପାରୁନି
ମୋର ହାତ ଚଳୁନି
ଛୁଇଁବା ପାଇଁ ତା'ର ପଦ୍ମନାଭି
ବୀଭତ୍ସ ପ୍ରୟୋଜନର ପାଉଁଶରୁ ବାହାରି ଗୋଟେ ଅନାମିକା
ଉପହାସ କରୁଚି ମୋର ରକ୍ତପାତକୁ
ଦୂରରୁ ଡାକ ଶୁଭୁଚି ମରଣର ।

ଶଣବନର କାଦୁଅ ଓ କାକର ଉପରେ
ପଡ଼ିଚି ମଳିନ ଆଭରଣ କୁହୁଡ଼ିର
ବାଟ ଦେଖାଉଚି ଲୁହ ଆଖିର ।
କି ଭୟଙ୍କର ବାଟ ସେ
ଯାହାର ଛୁରୀ ଯାଉଚି ନିବିଡ଼ ଆଲିଙ୍ଗନର ଲଟା କାଟି

ବହୁ ପୁରୁଣା ଘୁଣାର ଦେଉଳକୁ
ନଷ୍ଟଦେବତାର ନୀରାଜନା ପାଇଁ।

ପ୍ରଗାଢ଼ ମମତାର ଟୋପାଏ ଲହୁ
ମିଛ ହୋଇ ବସିଚି ଓଠର ତିଳ ଉପରେ
ଧୂଆଁରେ ଲୁଚି ଯାଇଚି ଦେହ ପଥର ଦେବତାର।

ଜହ୍ନ ଏମିତି ବି ଉଏଁ ଦେଶ ମୋର-
କାହାକୁ ଲାଗେ କିଛି ଅଛି ତା'ର ଜଠରରେ
କିଏ ଭାବେ କିଛି ନହେଲେ ବି
ଅଛି ନିଶ୍ଚୟ ମୁଠାଏ ଅନ୍ନ
ଅନ୍ନପୂର୍ଣ୍ଣାର ଭଙ୍ଗାହାଣ୍ଡିରେ।

ଛଳନାର ସେ ଜହ୍ନକୁ ଆଉ
ଚାହାଁନା ଅବୋଧ ଦେଶ ମୋର
ଆଂଜୁଳା ଭରିଯିବ ଲହୁରେ।

୩୮

ତା'ପରେ ଆମର କହିବାର କିଛି ନଥିଲା
କଖାରୁଲଟାରେ ପାଚୁଥିଲା ସକାଳ
ଚାଳ ଛାତରୁ ଧୂଆଁସୋରାଏ ଉଠି ଛୁଉଁଥିଲା
ଶଜନା ଗଛର ସରୁ ଆଙ୍ଗୁଳିକୁ,

କୂଅ ଉଝଳାରୁ ମିଳିଲା କ'ଣ
ପଚାରିବାର ନଥିଲା
ଖଣ୍ଡେ ମେଘ ଉଠି ପୁଣି ଉଡ଼ିଯାଇଥିଲା
ଚଂଚଳ ଦକ୍ଷିଣାରେ।

କୂଅ ଉଝଳାରୁ ମିଳିଲା କ'ଣ ?
ସାନବୋହୂ ? ସାତପୁରୁଷର ପିତଳ ?
ପଚାରିବାର ନଥିଲା ଦେଶ ମୋର
ଘଡ଼ିକ ଭିତରେ
କଥା ଆମର ହୋଇସାରିଥିଲା କିମ୍ବଦନ୍ତୀ
ଗାଁ ଗୋଟାକର।

ଆମ ଭିତରୁ ଜଣେ ମୁଁ
ମୋର ଅଲଗା ଘର
ଅଲଗା ସାହି
ଅଲଗା ପୋଖରୀ
ଅଲଗା ତୋଟା
ସବୁ ଅଲଗା ଭିତରେ ସେଇ ଗୋଟିଏ ଲଟା
ଯାହା ଖେଳାଇ ଦେଇପାରେ ଫୁଲର ମଉଳା ଶିରୀକୁ
ପାଦଧୂଳିର ମହକରେ,
କହିପାରେ ମୁଁ ଚୁପ୍‌ଚାପ୍ ରହିପାରିବି କିଛି ନ କହି
ଦେଶ ପଛେ ମରୁ ମହାମାରୀରେ।

ତୁ କ'ଣ ସତରେ ମରିଯିବୁ ଦେଶ ମୋର
ମୁଁ ଫେରିବା ଆଗରୁ ପଡ଼ିଯିବୁ ରୋଗରେ,
ତତେ କେହି କିଛି କହୁନଥିବେ ଭୟରେ
କଥା ଆଉ ନଥିବ ବୋଲି କଥା ଭିତରେ!

୩୯

ବେଶି ନୁହେଁ ମୋର କ୍ଷମାର ସୀମା
ଅଳ୍ପକରେ ସରିଯାଏ ମୋର ସାହସ
ମୁଁ ଚୋଟ ବସାଇଦିଏ ନିଜ ଦେହରେ ।

ଦେହସାରା ମୋର ଦେଖୁଚୁ ଯେଉଁ ଚୋଟର ଦାଗ
ଦେଶ ମୋର
କେତେ ଭୀରୁପଣର କାହାଣୀ ଅଛି ତା' ଭିତରେ ।

ହସିଖେଳି ବଣରେ ବୁଲି
ବେଣୁ ବାଇବାରେ ଥାଏ ଅଣିମା
ଜାଣି ନଥିଲି ।
ଗଲି ସେଦିନ ତାକୁଇ ଖୋଜି
ଦେଶ ମୋର ମୁଁ ଜାଣିନଥିଲି
ନିରନ୍ଧ୍ର ଅନ୍ଧାରର ତପସ୍ୟାରୁ ଉଠି ଗୋଟାଏ ହରିତିମା
ଠିଆହୋଇଥିଲା ବାଟରେ ମୋର,
ସେଇ ବୋଧେ ଥିଲା ଅଣିମା କବିର କଳ୍ପନାର,

ମୁଁ ଡାକିଲି ତାକୁ–
ହେ ହରିତିମା
ହେ ହରିତିମା
ଅଛିକି ତମର କଂଚା ଲହୁରେ
ଜଳିଯାଇଥିବା ଧାନକ୍ଷେତର ଖବର
ଅଛିକି ତମର ଶିରାନ୍ୟାସରେ
ଅଣିମା ମୋର ?

ସେତିକିବେଳକୁ ଉଡ଼ିଗଲା ପକ୍ଷୀ
ବରଗଛର ଡାଳରେ
ଆଉ କେବେ ଗଢ଼ିନହେବାର ନୀଡ଼ଟିଏ
ଝୁଲୁଥିଲା ଶୂନ୍ୟରେ ।

ଦେଶ ମୋର
ମୁଁ କ'ଣ ସତରେ ଚାହିଁଥିଲି ଅଣିମା ?
ତୋର ଧୂସର ଅଙ୍ଗରାଗରେ
ମୁଁ କ'ଣ ନିଜେ ଲେପିଥିଲି
ମୋର ନିଜ ଆକ୍ରୋଶର ଲୋହିତ ?
ଖାଲି ନୀଡ଼ଟିକୁ ଦେଖିବୁ ମୋର ଦେଶ
ମୁଁ କିଛି ଚାହିଁନଥିଲି ଜାଣିବୁ
ଜାଣିବୁ ମୋର କ୍ଷମାର ସୀମା
ଚୋଟ ଭୁଲିବା ଏଡ଼େ ସହଜ ନୁହେଁ ଜାଣିବୁ
ନିର୍ମମ ପୃଥିବୀରେ ।

୪୦

ବହୁଦିନରୁ ଖାଲି ପଡ଼ିଚି ଘର
  କେହି ଆଉ ରହୁନାହାନ୍ତି ସେଠି
  ଯିଏ ଯୁଆଡ଼େ ଗଲେଣି
ଅକଥନୀୟ ଶିକ୍ଷରୁ ସନ୍ଦେହର
  ଶାଖା ପ୍ରଶାଖା ମୂଳ।

ପଥରର ସାକ୍ଷୀଠାକୁରାଣୀ, ରାସ୍ତାକଡ଼ର
କଦଳୀବଣ, ବିଲ, ପୋଖରୀ
  ଗେଣ୍ଡାଳିଆର ପର
ଏତିକି ନେଇ କିଏ କ'ଣ କେବେ ଫେରିପାରେ
ସେ ଘରକୁ? କହିପାରେ ମୁଁ ହାଲିଆହୋଇ
ଫେରିଚି ପ୍ରବାସରୁ, ଦେହରେ ମୋର ଜର,
ମୋତେ ଶୋଇବାକୁ ଦିଅ-
  ଫେରାଇଦିଅ ମୋର ଘର?

ପଥରର ସେ ସାକ୍ଷୀ ଠାକୁରାଣୀ
ରଖେ ଅନେକ ରକ୍ତପାତର ଖବର-

ଧାନବିଲର ପାଣିରେ ଭାସୁଥିବା ମଲା ଚଢ଼େଇ,
ଗଣ୍ଡିକଟା କଦଳୀଗଛର ଛାଇପଡ଼ି
    ବିଷ ହୋଇଯାଇଥିବା ପାଣି ପୋଖରୀର,
କିଏ ଜଣେ ଟିପରେ ନେଇ ସିନ୍ଦୂର
ଭାଗ୍ୟର କପାଳରେ ବୋଳିଦେବାର,
    କିଏ କାହାକୁ
କୋଳରେ ଧରି ଦି'ଗଡ଼ କରି ଶୁଆଇ ଦେବାର।

ହେ ମୋର ଦେଶ
ମୁଁ କ'ଣ ମୂଳରୁ ପୁଣି ଲେଖିବସିଚି କାହାଣୀ,
ଶାଖାକୁ ଛନ୍ଦି ଶାଖାରେ ପୁଣି ଗଢ଼ିବସିବି ନୀଡ଼ଟିଏ ?
    ଭୁଲିଯିବି ଯେ
    ସୋଦର ମୋର ଖୁଣୀ ?

୪୧

ଦେଶ ମୋର
        ହେ ମୋର ଅପାର୍ଥିବ ଆବେଶ
        ଜଳାଞ୍ଜଳିର
ଆଉ କ'ଣ ଦେବି ତାକୁ
        କ'ଣ ନେଇ ଭରିବି ତା'ର ଜଠର ?
        ସବୁ ତ ଦେଲି-
        ମାଟିରୁ ଦେଲି ଲୁହା ଆକ୍ରୋଶର
        ମଂଜରୀରୁ ଦେଲି ଫୁଟିବାର ହାହାକାର
        ଶାଖାପ୍ରଶାଖାରୁ ଦେଲି ଅସହାୟ ଅଧିକାର
                ପଥର କଣ୍ଟକ ଦେଲି
                ଯାତ୍ରାର ଅନ୍ଧାର,

                ଆଉ କ'ଣ ?
ସିଏ ଯିଏ ଯାଇଚି ଫେରିବ ବୋଲି
                ପ୍ରତାରଣା ତା'ର
        ନଦୀକୁ କରିଚି ବାଲୁଚର

ସମୁଦ୍ରକୁ ନିଷ୍ପ୍ରାଣ ପଥର
କ'ଣ ଦେଇ ଡାକିବି ହେ ଝଂଜାବାତ ପ୍ରମତ୍ତ ଅସ୍ଥିର
ଫେରିଆସ
ଅଦୃଷ୍ଟର ଅନନ୍ତ ବିବର
ଫୁଟାଇ ଆସହେ ମୋର ଲୋହିତ ସକାଳ ?

ଦେଶ ମୋର, ତୋର ତାଳବନରୁ କ'ଣ ଶୁଭିନଥିଲା
ଝଡ଼ର ତାଳି ସେଦିନ
ଯେଉଁଦିନ ଭଗ୍ନମନ୍ଦିରର ମୁଖଶାଳାରେ କାନ୍ଦିଲା ମୂର୍ତ୍ତି ଇତିହାସର ?
ସେଦିନ କ'ଣ ପ୍ରତାରଣାକୁ ମିଳିନଥିଲା କନିଅରର କାକର
ବିଷ ଦେଲାବେଳେ ହାତ କ'ଣ ଥରିନଥିଲା ନାଭିମୂଳରେ ଶିଉଳିର ?
ଯିଏ ଯାଇଚି ତୋର ପୃଷ୍ଠାର ପରିଚୟରୁ
ପୋତିବା ପାଇଁ ରକ୍ତବୀଜ ବୀଭତ୍ସ ବିସ୍ମୃତିରେ
ତାକୁ କିଏ ଡାକିବ
ଆଉ କୋଉ ସମର୍ପଣରେ ଗଢ଼ିହେବ ତା'ର ଅନ୍ଧ କାମନାର ଅନ୍ତଃପୁର ?

ଜଳାଂଜଳିରୁ କିଛି ମିଳେନା ଦେଶ ମୋର
ତୁ, ମୁଁ ଓ ଆମର ସାରାସଂସାର
ଉପହାସ ସେଇ ଗୋଟିଏ ଘୃଣାର ।

୪୨

ଯାହାକୁ ମୁଁ ବୁଝିପାରିନି
ଭସାଇ ଦେଇଚି ଯାହାକୁ
ଚିରନ୍ତନର ପ୍ରବାହରେ
ନଷ୍ଟନିମିଷର ପତାକା କରି-
ସିଏ ଦିନେ ଗଢ଼ିବ ମୋର ଅସହାୟ
ଦୁଇକୂଳର ଦିନରାତି,
ଦୀପ ମୋର ଉଠୁଥିବ ଯେତେ ଉଚ୍ଚକୁ
ସେତିକି ଉଚ୍ଚକୁ ଉଠୁଥିବ ଶିଖା ଅନ୍ଧାରର।
ମୁଁ ତଥାପି କେବେ ବି
ବୁଝିପାରୁନଥିବି କାହିଁକି ଏକାଠି
ଯୁଟିପାରିଲେ ନାହିଁ
ଜୀବନ ଓ ମରଣ
ଯଦି ଏତେ ଆଶା ଥିଲା ଅଭିଳାଷର କୁମ୍ଭରେ !

ମୁଁ ଥିବି
ଜଳିପୋଡ଼ି ଟୋପିଟୋପି ଅଲକ୍ତକର

ପରିପାଟୀ ହୋଇ
ବସନ୍ତର ପାଦପାତରେ
ତଥାପି ବୁଝିପାରୁନଥିବି
କଳହଂସର ଶୋଣିତରେ କାହିଁକି ଧୁଆହୁଏ
ଜହ୍ନରାତିର କାତି
ଅର୍ଥର ଗୋପନ ଅହଂକାରରେ
କାହିଁକି ଗଢ଼ାହୁଏ ଶେଯସୁପାତି
ଭ୍ରଷ୍ଟ ଶବ୍ଦର ।

ହେ ମୋର ଦେଶ
ମୁଁ କେତେ କଷ୍ଟରେ ଆଣିଚି ପିଠିରେ
ଆଂଜୁଳାଏ ପାଣି, ଗଣ୍ଡାଏ ଧାନ,
ରହିବାକୁ ଦେ' ସେତକ
ସବୁ ଧ୍ୱଂସ ଭିତରେ ବଞ୍ଚାଇ ରଖ୍ ମାଟି ମୁଠାକ ।

୪୩

ସିଏ କ'ଣ ଦେଇପାରିଚି କାହାକୁ
ତା'ର ଥିଲା କ'ଣ ?
ଅପମାନରେ ଜଳି ଯାଉଥିବା କେରାଏ ଘାସ କୋଳର
ପଥର ଫୁଟାଇ ବହି ଆସିଥିବା ଧାରେ ପାଣି ଯାତନାର
ଗୋଟେ ଭଂଗାରୁଜା ବାଲିଘର
ପେନ୍ଥାଏ ପୋଡ଼ାବଉଳ
ପ୍ରଜାପତିର ପର
ଯାକୁ କିଏ ନେଇ ବି ପାରିଥାନ୍ତା ଭୀଷଣ ପୃଥିବୀରେ
ଯୁଦ୍ଧର ଘନଘଟା ଭିତରେ ?
ଯିଏ ଛୁଇଁଲା ସିଏ କହିଲା ପଥର
ଯିଏ ଦେଖିଲା ସିଏ କହିଲା ଏତେ ଅନ୍ଧାର କାହିଁକି
ଚାରିଆଡ଼େ
ଫୁଲର ଏତେ ଗନ୍ଧ କାହିଁକି
ପବନକୁ ପଚାର ।

ଦେଶ ମୋର ମୁଁ ଆସିଥିଲି ଆଗରୁ
ମଉଳା ଫୁଲତକ ନେଇ ବି ପାରିଥାନ୍ତି ଗଛମୂଳରୁ

ଖରା ତାତିବା ଆଗରୁ,
ହେଲେ ହାତରେ ମୋର ଥିଲା
ତୋର ଧୂଳିଧୂସର ଶପଥ
ମୁଁ ଦେଖି ବି ସାରିଥିଲି ସେତେବେଳକୁ
ଅଜସ୍ର ରକ୍ତପାତ ମନ୍ଦିରର ଚତ୍ୱରରେ ।

ଛୁଇଁଲି ନାହିଁ ଭୟରେ
କାଳେ କାଳର ଆଖି ପଡ଼ିଯିବ କାଠିକୁଟାରେ
ତିଆରି ମୋର ନୀଡ଼ରେ
ଛାଡ଼ିଦେଲି ସେ ଅଥର୍ବ ତୀରକୁ, କହିଲି ଯା'
କ୍ଷତ ହୋଇ ରହ
ଛାତିରେ ତା'ର,
ଦିନେ କେବେ ତା'ର ସମୟ ହେବ ସାରାଦିନର
ହେଲେ ମିଳୁନଥିବ ନିମିଷକର ଘର !

୪୪

କହ କେମିତି ବର୍ଷା ହୁଏ
କୋଉଠୁ ଆସେ ଲୁହ ?
ଏମିତି ତ ଭୁଲ୍ ନଥିଲା କିଛି ସେ ଆଖିରେ
ଭୁଲ୍ ନଥିଲା ବି କଳଙ୍କର ଅଧ୍ୟାୟରେ।
କୋଉଠୁ ଆସେ ଲୁହ
ଏତେ ଲୁହ ?
ବର୍ଷା ଝରୁଚି ଦେଶ ମୋର
ତୁହାକୁ ତୁହା ପଡ଼ିଚାଲିଚି କୁଆପଥର
ଚଡ଼କ ପଡୁଚି ଥରକୁଥର,
ଭିଜାପଲାଶର ଅନ୍ତଃପୁର
ଆହୁରି ଭିଜିଯାଉଚି,
ସ୍ତମ୍ଭ
ପାଚେରି
ମଲାଶେଯ
ମୃଦଙ୍ଗର କିରଣ
କୋଉଠି ବି ନାହିଁ ତତେ ଠକିଦେବାର ପଣ

ଯୋଉମାନେ ପିଇଲେ ଝରଣାରୁ ତୋର
ଜୈତ୍ରବନକୁ ଫେରିଲେ ନାହିଁ
ଯେଉଁ ମୁନିଋଷି,
ତାଙ୍କ ପଛରେ ବି ଥିଲା ଇତିହାସର ବାରଣ
ନିର୍ମମତାର
ଦେବି ଆଉ କୋଉ ଉଦାହରଣ ?
ସୁଢ଼ଙ୍ଗରୁ ବାହାରି ଆସୁଥିବା ପଳେ ଆଲୁଅର
କାୟା ବଢ଼ୁ ବଢ଼ୁ
ଖସିଲା ଯେତେବେଳେ ପାହାଡ଼
ସେତେବେଳେ
ଲୁହ ଭରିଗଲା ଆଖିରେ
ଲାଗିଲା ଯେମିତି ବର୍ଷାରେ ଏଥର
ଧୋଇ ହୋଇଯିବ ତିନିକାଳ।
ଲାଗିଲା ଯଦି ଅଟକିଯାଏ ଲୁହ ଆଖିରେ
ଖୁବ୍ ବଡ଼ କ୍ଷତି ହୋଇଯିବ ଇତିହାସର।

କୋଉଠୁ ଆସେ ପଚାରନା ଦେଶ ମୋର
ଲୁହ ସେଇଠି ଥାଏ
ଯୋଉଠି ଆମ ମିଛିମିଛିକା
ଖେଳଘର।

୪୫

ଯାହା ମୋତେ ମିଳିବ ନାହିଁ
ତା'ର କଳନା
ମୁଁ କରିସାରିଚି ଆଗରୁ,
ଯାହା ମିଳିବ
ତାକୁ ଗଢ଼ିଦେଇଚି ନିବୁଜ କରି
ପବନର ଦୁର୍ଗରେ
ସେଇ ସବୁ ପାଇବାର ଅସ୍ତ୍ରାଗାର
ଜଳି ଉଠୁଚି
ସୂର୍ଯ୍ୟାସ୍ତର ନିଆଁରେ।
ଯାହା ମିଳିବ ନାହିଁ
ତାକୁ ମାନିନେଇଚି ଈଶ୍ୱର କରି
ଅହଂକାରର ରୁଦ୍ରଜଟାରୁ
ବାହାରି ତା'ର ଅଶ୍ରୁଧାର
କାଟିଚାଲିଚି ଶିଉଳି, କୁହୁଡ଼ି, ଯାହା ଦେଖୁଚି
ଶଂକାର ମୁହାଣରେ।

ନଈଟିଏ ବାହାରିଚି
ଚନ୍ଦ୍ରଲୋକରୁ ଯିବ ଚାତକର ତୃଷାଯାଏଁ,
ଦେଶ ମୋର ପଲକ ଉପରେ ପାହାଡ଼ କରିଦେ' ମୋତେ
ପାଦରେ ଦେ' ଊର୍ମିମାଳା, କଟୀରେ ମେଖଳା
ଝରାଇ ଦେ' ଆଷାଢ଼ରେ।

୪୬

ଯଦି ନପାହେ ରାତି
ତୁ କ'ଣ ସେମିତି ଥିବୁ
ଅନ୍ଧାରରେ ?
ନା ତତେ ନେବା ପାଇଁ ଆସିବେ
ଆକାଶରୁ ତାରା ?
ହେ ମୋର ଦେଶ
ତୁ କ'ଣ ସତରେ ଯିବୁ ସେମାନଙ୍କ ସାଂଗରେ ?

କେଡ଼େ କଠୋର ସେମାନଙ୍କର ହୀରା
ଦିଗନ୍ତର ନଖରେ !
କେଡ଼େ ଦୀପ୍ତ ସେମାନଙ୍କର ଛଳ
ନିର୍ମମ ନୀଳିମାର
ତୋର ଶୁଭ୍ର ଉତ୍ତରୀୟରେ !
ତୁ ଜାଣିଚୁ ସତରେ
କେବେ ଫୁଟିବ ଦିନର କଂପନ
ନିଷ୍କଳ ହ୍ରଦଜଳରେ ?

ଯା' ମୁଁ ଥିବି ଏଇଠି ତୋର ଅପେକ୍ଷାରେ
ଆସିବୁ ପ୍ରଥମ ଅଳିଆ ଫିଙ୍ଗାହେଲାବେଳେ
ଓଳିତଳରେ
ଘୁଷୁରୁଥିବା ଧାରେ କାନିହୋଇ ପାଦ ପାଖରେ,

ଯଦି ମୁଁ ନଥାଏ ମୋତେ ଖୋଜିବୁ ତୋର ବାଲୁଚରରେ ।

୪୭

ବଡ଼ ଭୟଙ୍କର ସେ ମିଛ
ଭୟଙ୍କର ତା'ର ଖେଳିବା ସତର ସନ୍ଦୀପନରେ
ସହଜ ହୋଇ ।
ମୁଠାଏ କୁଟା ହୁଏତ
ମେଂଚାଏ ମାଟି
ଆଂଜୁଳାଏ ପାଣି
ସେତକ ଦବୁ ସେମାନଙ୍କୁ
କହିବୁ ମୁଁ ଆଉ ଫେରିବି ନାହିଁ
ମୋର ପ୍ରତିମା ଗଢ଼ା ନ ହେଲାଯାଏଁ
ତା'ର ଅଶ୍ରୁ ପାଇଁ ଆକାଶର ଜଳଧାର,

ହେ ମୋର ଦେଶ ଜାଣୁ କେତେ କଠୋର
ତା'ର ପ୍ରେମ
କେତେ କଠୋର ମୋର ଦିନରାତି
କେତେ ଶିଉଳି
ଲାଗିଚି ମୋର ହାତପାଦରେ ଚାଲୁଚାଲୁ
ଭଂଗାଘର ମୋର କେତେ ଈଶ୍ୱର !

ମୁଁ ବି ପାରନ୍ତି, ମିଛରେ ମିଛରେ
ଗଢ଼ିଦିଅନ୍ତି ଇତିହାସ, ଚୂର୍ଣ୍ଣ ଅଳକରୁ
କାଢ଼ି ବାହାରେ
ଠିଆ କରିଯାଆନ୍ତି ଲୋଲୁପ ତିଳଟିଏ ଓଠରେ।

ଖାଲି କହନ୍ତି
ଯା' ମୋର ମିଛ, ସୁଖରେ ରହିବୁ
ଖୋଜିବୁ ନାହିଁ ମୋତେ
ମୁଁ ଦୂରରେ ଥିବି ବହୁଦୂରରେ
ମୋତେ ରାସ୍ତା ଦିଶୁଥିବ ମିଛର ଆଲୁଅରେ।

ପାରିଲି ନାହିଁ, ମିଛକୁ କେବେ ମାରିପାରିଲି ନାହିଁ
ମିଛରେ।

୪୮

ସେ ଯାଇଥିଲା ସେଠିକି
ମାଗିଥିଲା ଦିଅ ଯାହା ଦେଉଚ ଦିଅ
ଉଜୁଡ଼ିଲା ବେଳେ କୁଂଜବନ
କାଠକୁ ନେଇଥିଲା କୁମୁଦ କରି
ପ୍ରଦୀପରେ ନୀଳାଂଚନର ଆକାଶ ଥିଲା
ଉଷାର କୁହୁକ ଥିଲା
ତା'ର ଆଖିରେ,
ପାହାଡ଼ ଶେଷରେ ଜଳିଗଲା
ଭୂଲତାର ଇନ୍ଦ୍ରଚାପରେ।
ସେ କହିପାରୁନି ଯେ ତା'ର ଫେରିବାର ଅଛି
ଘରେ ତା'ର ରୁଗ୍ଣ ସ୍ୱାମୀ
ସ୍ତନନ୍ଧୟ ଶିଶୁ
କ୍ଷମାକର, କ୍ଷମାକର ପଶୁ।
ପଶ୍ଚିମର ପିପାସୁ ଅରଣ୍ୟ
ଘେରିଗଲା ଏକାକୀ ତାରାଟିକୁ
ଦିନ ଥାଉଁ ଥାଉଁ।

ତୁ କିଛି କହିଲୁନି ଦେଶ ମୋର ?
କହିଲୁନି ପ୍ରଣୟର ନିଶ୍ୱାସ ଥିଲାଯାଏଁ
ରହିବ ବିଶ୍ୱାସ ଅକ୍ଷରରେ
ରହିବ ସତ୍ୟର ପୁତ୍ତଳିକା
ବୀଭତ୍ସ ଆତ୍ମଦାନର ଶିଖା
ଜଳୁଥିଲାଯାଏଁ ସୀମନ୍ତରେ ?

ଏଇ କ'ଣ କ୍ଷମା ?
ଯାକୁଇ ନେଇ ରହିବାକୁ ହେବ
ସାରାଜୀବନ
ମରଣର ସୀମାନ୍ତରେ ?

୪୯

ଫିକା ପଡ଼ିଆସୁଚି ରଂଗ ଆଶାର
ଲିଭି ଲିଭି ଆସୁଚି
ଦୀପ ରାତିର,
ତୁ ଗୁମ୍‌ସୁମ୍ ହୋଇ ବସିବୁ ଦେଶ ମୋର
ଲୁହ ବୋହିଯାଉଚି ଆଖିରୁ,
ପାଟି ଫିଟୁନି
ଦୂର ଅତୀତର ଶୃଂଗ ଫଟାଇ ଝରି ଆସୁଚି
ରକ୍ତ ଅଭିସାରର।

କ'ଣ ଥିଲା ସେ ଅଭିସାରରେ ଦେଶ ମୋର
ଥିଲା ମୋଡ଼ାଏ ହାତ ସନ୍ତାପର
ଯୋଡ଼ାଏ ରୁଗ୍‌ଣ ଗୋଡ଼ ଆତଙ୍କର
ଥିଲା କରୁଣ ଲଜ୍ଜାର ଉତ୍ତରୀୟରେ ଢଙ୍କା
ମହାଭୋଜ ଦେବତାର,
ଅସୁର ଗ୍ରାସରେ
ତ୍ରସ୍ତ ଓ ବିକଳ

ଥିଲା କ'ଣ ସେ କଂଟକିତ ଜିଭରେ, ସେ
ନିରକ୍ତ ଆଲିଂଗନରେ
ଅସଂବୃତ ଘୃଣା ଛଡ଼ା ?

ଆଉ ଟିକିଏ ରଂଗ ଦେବି ଆଶାରେ ?
ତେଜିଦେବି ଦୀପଶିଖାକୁ ?
ଲୁହ ପୋଛିଦେବି ଆଖିରୁ ?
କହିବି ହେ ମୋର ଦେଶ କଥା କହ
ବ୍ୟର୍ଥ ଅଭିସାରର ରକ୍ତଟୋପାଏ ଦେ'
ଇତିହାସକୁ ?
ମଣିମୟ ମୁକୁଟ ପାଇଁ ମୋର
ରାଜ୍ୟ ଦେ'
ପାଂଶୁଳ ସମର୍ପଣର ମିଳନ ପାଇଁ
ଦେ' ପରାଗ ନିରନ୍ତର ବିରହର ?

୪୦

ମୁଁ କିଛି କହୁନି
ମୋର ଜଡ଼ସଡ଼ କାକୁସ୍ଥତାରୁ
ବାହାରୁଚି ମୋର ହିଂସ୍ର ନଖ
ବିଦାରି ଦେବାପାଇଁ ତୋର ନିରବତାକୁ,
ରକ୍ତସ୍ରାବରୁ
ଉଠାଇ ନେବାପାଇଁ ସୂର୍ଯ୍ୟର ସେଇ
ନଷ୍ଟଭ୍ରୁଣକୁ,
ନିଜର ଅଧିକାରରେ
ଭୁଲାଇଦେବା ପାଇଁ
ଅତୀତକୁ ବିସ୍ମୃତିରେ ।

ଆଜି ରାତିର ସକାଳ ଯଦି ହୁଏ
ଯଦି ମିଳେ ନିଷ୍ପନ୍ଦ ଦେହ ମୋର
ଅବିଶ୍ୱାସର ଶଯ୍ୟାଧାରରେ
ଦେଶ ମୋର,
ମୋତେ ପଚାରିବୁନି ମୁଁ

କାହିଁକି ଅଛି ଶୁଭ୍ରଶଂଖରେ ତଥାପି
ସୁନୀଳ ସମୁଦ୍ରର ସ୍ୱର ହୋଇ,
କାହିଁକି ମୋର
ଅସହାୟତାକୁ ଲାଗିଚି ତଥାପି
ଝରାପତ୍ରରୁ କାକର
ଶୋଷିନେବାର ନିଶା-

ପଚାରିବୁନି ମୁଁ କାହିଁକି ତୋର ଅଭିସାରରୁ
ଓଟାରି ଆଣିଚି ନୀଳଦୁକୂଳ
ନିରାଶାର
ଯଦି ଦୀପ ଜଳୁଚି ଏବେ ବି
ତା'ର ନଗ୍ନତାର ରକ୍ତାଭ ଉଷାରେ,
ଏବେ ବି ଯଦି
ଫାଟିଆସୁଚି ସକାଳ
କାଳର ସନ୍ଦିଗ୍ଧ କପାଳରେ।

ମୁଁ ଦିନେ କେବେ ତତେ କହିବି ଗୋପନରେ
ଯେ ମୋର ନିଜର ପାପ ଥିଲା
ତୋର ସବୁ ଅପରାଧରେ।

୫୧

ଆଲୁଅ ଦିଶିଲାଣି
ଦିଶିଲାଣି
ଅନ୍ଧାରଘରେ
ତୋର ହାତପାଦ ନଦୀପର୍ବତ
ଦ୍ୱୀପ ଅନ୍ତରୀପ
ପଥର ହୋଇଯାଇଥିବା ପୟସ୍ୱିନୀର ଓଠରେ
ଫୁଟିଲାଣି ହସ ପରିତ୍ରାଣର ।

ଦେଶ ମୋର, ମୋର କପାଳରେ ତୋର ଶପଥର ଗାର
ପିଠିରେ ମୋର ଭାର
କେବେ ନଭୁଲିବାର
ଲଜ୍ଜା, ଘୃଣା, ଭୟ ଅହଂକାର ।

ମୁଁ ଚାଲି ଶିଖୁଚି ନୂଆ ନୂଆ
ପାଦ ପଡୁଚି ଖଣ୍ଡାର ଧାର ଉପରେ ବଙ୍କା ଟିକିଏ
ଲହୁ ଗୋଳି ହୋଇ ବର୍ଷା ପାଣିରେ

ବୋହି ଯାଉଚି ଝରଝର
ତଥାପି ମୁଁ ଡରୁନି
ସେଇ ଆଡ଼କୁ ମୁହଁକରି ଚାଲିଚି
ଯୁଆଡୁ ଆସୁଚି ସୁବାସ
    କୁହୁଳୁଥିବା ମୃଗନାଭିର
ଯୁଆଡୁ ଆସୁଚି ସ୍ୱର ଚୋଟଖାଇ
    ଉଡ଼ିପାରୁନଥିବା ପକ୍ଷୀର ।

ଦେଶ ମୋର ତୋର ସୀମାରେଖାରେ ଲହୁର
ଧାରଟିଏ ଦେବି ଆଜି
କହିବି
ସତ ହେଉ ଆମର ପୁନର୍ଜନ୍ମର ସକାଳ ।

ନଦୀରେ ଅଖଣ୍ଡ ଜଳ ରହୁ
ପର୍ବତରେ ରହୁ ମେଘମାଳ
ହସରେ ହୃଦୟ ରହୁ
ଆସ୍ଥାରେ ଅନଳ

କହିବି ମୁଁ ବହୁଦିନ ପରେ
    ଶୋଇଚି ନିଦରେ ଦେଶ ମୋର !

୫୨

କେହି ଦେଖିନାହାନ୍ତି ମୋ' ଦେଶକୁ। ସେ ମୋର ଆଖିରେ ଅଛି, ଏକା
ମୋ' ଆଖିରେ। ମୋର ବାଲୁତ ଆଖିରେ ମୁଁ ତାକୁ ଦେଖିଚି ପୋଲାଙ୍ଗ ବଣ
ଭିତରକୁ ଧାଇଁଗଲାବେଳେ ବୈଶାଖର ଧୂଳିଝଡ଼ ପଛରେ, ଶାଖାଗହଳରେ
ଦେହରେ ଦେହଛନ୍ଦି ମୁଁ ତାକୁ ଦେଖିଚି ତା'ର ବିସ୍ମୟରେ। ଗୋଧୂଳିର କୋଉ
କୋଣରୁ ଉଠୁଚି ଧାରେ ବହଳ ଧୂଆଁ, ପିଲାଟିଏ ଫେରୁଚି ଏକା ଏକା ଘରକୁ,
ତା'ର ଆଖିରେ ମୁଁ ଦେଖିଚି ମୋର ଦେଶକୁ। ନୂଆ ନୂଆ ନାଚି ଶିଖୁଚି ସକାଳର
ଖରା ପିଣ୍ଡାଧାରରେ, କୁନି ପାଦରେ ଝୋଟି ଉଠୁଚି, ଲକ୍ଷ୍ମୀପାଦର ରେଖା ଟଣା
ହେଇଚି ଚାଉଳ ଘୁମର ନିରନ୍ଧ୍ର ଅନ୍ଧାରଯାଏଁ ଭଙ୍ଗା ଆମ୍ବଡାଳରେ ପୋକ
ଲାଗିଚି, କଦଳୀପତ୍ରର ଗାଲ ଦିଶୁଚି ପବନରେ ଲାଲ, ଆଖିରେ ତା'ର
ଭରି ଆସୁଚି ଦୂରରାସ୍ତାର କୁହୁଡ଼ି। ସେଇ ଆଖିରେ ଦେଖିଚି ମୁଁ ଦେଶକୁ ମୋର।

ଭାଂଗିରୁଜି ମିଶିଯାଇଚି ମାଟିରେ ପୁରୁଣା ଘର, ଆଉ ଗୋଟେ ଘରର ନିଅଁ
ପଡୁଚି ନିଷ୍ପାପ ନିରହଂକାର ଆବିଷ୍କାରର କିମିଆରେ। ଫୁଟୁଚି କେତକୀ,
ଡେଇଁ ଡେଇଁ ଯାଉଚି ବଣି ଚାଳଛାତରେ। ଅବାକ୍ ହୋଇ ଚାହିଁଚି ପାଣିକଖାରୁ
କୁଣ୍ଡର ଶିଉଳିକୁ। ନିଦ ନାହିଁ ଆଖିରେ, ଟ୍ରେନ୍ ଯାଉଚି ରାତିରେ,
ନିରବତାର ଗୋଟେ ଶୁଦ୍ଧ ଚିତ୍କାରରେ ସେ ନୂଆ ହେଇଯାଉଚି ରାତିକ ଭିତରେ।

ତାର ଦେହରୁ ବାହାରୁଚି କ୍ଷୀର ଲାଗି ଆସୁଥିବା ଧାନଶିଂଷାର ବାସ୍ନା, କଂଚା ପିଜୁଳିପତ୍ରର ଜିଭ ତା'ର ଥୁଥୁ କରି ଫିଙ୍ଗୁଚି ସ୍ୱାଦକୁ ମାଟିର ଲୋଲୁପତାକୁ ଆଉ ଟିକିଏ ଉତ୍ତାଳ କରି ଭସାଇ ଦେବା ପାଇଁ ରକ୍ତ ଫୁଟିବା ଆଗରୁ କ୍ଷତର ନିବୁଜ ମୁହଁରୁ। ସେ କୋଳରେ ବସିଚି ପାହାଡ଼ର, ଦିକିଦିକି ନିଆଁ ହୋଇ ଜଳୁଚି, କ୍ଷେତର ଆଖି ଭଳି, ଦେଖୁନି କେତେ ଝଡ଼ପରର ମହାଦ୍ରୁମ ଅସହାୟ ହୋଇ ଆଉଜି ଯାଉଚନ୍ତି କୂଳକୁ। ଗୁଗୁପାଂଚିରେ କୁତୂହଳର ଦ୍ୱାର ଖୋଲୁଚି ଶୈଶବ ତା'ର, ସେଇଥିରେ ଫୁଟିଦିଶିବ ମୁହଁ ଦେଶର। ସେଇଥିରୁ ମୁଁ ବି ବାହାର କଲି ଅଭିଶାପର କବଚ ମୋର, ରଖିଲି ତାକୁ ଚିରକାଳର ସେଇ ଶୈଶବରେ, ମୁହଁ ପୂରି ଆସୁଥିଲା ଯାହାର ଅଚାନକ ବସନ୍ତ ପବନରେ।

୫୩

ଦେଶ ମୋର, ତୋର ମନେଅଛି ମୋର ଜନ୍ମଦିନ ? ଧୂ ଧୂ ମରୁବାଲିରେ
କାଠିକୁଟାର ମୂର୍ତ୍ତିଟିଏ ଠିଆହୋଇପଡ଼ିଥିଲା ଅକସ୍ମାତ, ମରୀଚିକାର ହ୍ରଦରେ
ତା'ର ସେ ମନ୍ତ୍ରସ୍ନାନକୁ ଦେଖିଥିଲେ ଦଳେ ବାଟବଣା ଚଢ଼େଇ। ପୁରୁଣା ଲୁଗାକୁ
ଫିଙ୍ଗିଦେଇ ସେ ପିନ୍ଧିପକାଇଥିଲା ମଇଳା ଖଣ୍ଡେ ନୂଆଲୁଗା, ତରତର ହୋଇ
ଉଠିଆସିଥିଲା ମରୀଚିକାର ହ୍ରଦକୂଳକୁ। ସାଂଗରେ କେହି ନଥିଲେ, ପୁରୁଣା ଲୁଗାର
ଚିରାପତାକା ପୋତିହୋଇଥିଲା ବାଲିରେ। ସେ ପୁରୁଣା ଲୁଗାରେ ଥିଲା ଯେଉଁ
ରକ୍ତଦାଗ, ତାଆରି ବାସ୍ନାରେ ଟାଣିହୋଇ ଆସିଥିଲେ ଅସଂଖ୍ୟ ଶ୍ୱାପଦ ବାଲୁଚରର
ଗର୍ଭରୁ, ପ୍ରଥମ ବର୍ଷାପରେ ଅରାଏ ଘାସ ହୋଇ ବେଢ଼ିଯାଇଥିଲେ ସେ
ପୁରୁଣା ଲୁଗାଖଣ୍ଡକୁ। ମୋର ହ୍ରଦକୂଳରେ ଠିଆହେବା ଥିଲା ତୋ ପାଟିରୁ
ଆଧାର ଖୋଜିବାର ପ୍ରଥମଦିନ। ତୋର ବି ମନେଥିବ ତୁ ସେତେବେଳକୁ
ମାଡିଚୁ ତୋର ମିଛମିଛିକା ଭଂଗାଗଢ଼ାରେ। ଧ୍ୱଂସର ଗୋଟେ ଘରକରଣାରୁ
ବାହାରୁଚି ବିମର୍ଷ ହୋଇ ସ୍ୱପ୍ନଟିଏ, ରାସ୍ତା ଚାଲୁଚି ଆଖିବୁଜି, ଭାବୁଚି ଆଜି
ସରିଯାଆନ୍ତା କି ଏ ଯାତନା ! ସରୁନାହିଁ ସେ ଯାତନା, ଚାଲିଚି
ତୋର ଭାଂଗି ଗଢ଼ିବାର ଘରକରଣା- ତୁ ଏଠି ରଖିଲୁଣି ଚଳାଏ ପାଣି,
ତ ସେଠି ମୁଣ୍ଡାଏ ପଥର, ଆଣିଲୁଣି କେତେବେଳେ ସଢ଼େଇରେ ବାଲି
ତ କୁଲାରେ କନିଶିରି, ଏଠି ରାନ୍ଧିଲୁଣି ପିଠାଖିରି ତ ସେଠି ରାନ୍ଧିଲୁଣି

ବାଲିଗୋଡ଼ି। ଚାଲିଚି ଅନବରତ ତୋର ଖେଳ, ସେ ଖେଳରେ ଆମ୍ବଗଛମୂଳରୁ ସତରେ କିଏ ପାଇବ ସେ ସୁବର୍ଣ୍ଣ ଟାକୁଆଟିକୁ, ଜାଣିନଥିଲି ଦେଶ ମୋର, ଜାଣିନଥିଲି କ'ଣ ସବୁ ଲେଖାଅଛି ଭାଗବତଗାଦିର ପୋଥିରେ। ମୁଁ ଦେଖୁଥିଲି କେବଳ ଉଇହୁଙ୍କାର ଛାଇଭଳି ଜହ୍ନଆଲୁଅରେ, ଥାକ ପରେ ଥାକ ଥୁଆହୋଇଚି ଗୁଡ଼େ କଳ୍ପନା ଅନ୍ଧାରଘରେ। ଆଧାର ଖୋଜି ଖୋଜି ତୋର ମାଟିର ନିବିଡ଼ତାକୁ କୁଣ୍ଢାଇ ଧରିବାରେ ମୋର ସାହସ ନଥିଲା ଦେଶ ମୋର, ଥିଲା ଭୟ।

୫୪

ସାରାରାତି ଛୁଟିଲାଗିଚି ଗୋଟେ ଟ୍ରେନ୍, ତା'ର କୋଉ ଗୋଟେ ଡମାରେ
ଉପର ଥାକରେ ଶୋଇଚି ଫୁଟିଆସୁଥିବା ସକାଳଟିଏ ଚେକାବାନ୍ଧି ଶୋଇଥିବା
ସାପକୋଳରେ। ଶିର୍ ଶିର୍ ହୋଇଯାଉଚି ଦେହ ଭାବିଲେ। ହଳଦୀ
ଫୁଟିଆସୁଚି ସେ ସକାଳର ଦେହରେ, ନାଲିଫୁଟିଆସୁଚି ସେ
କେଶରରେ। ସାପର କଳା ଚକ୍‌ଚକ୍ ଦେହରେ ଦିଶୁଚି
ବୁଡ଼ିଯାଉଚି ତାରା ଆଖିର, ନିଶ୍ୱାସ ବନ୍ଦ୍ ହୋଇଯାଉଚି ନିଷ୍ପାପ କୁସୁମର।
ସେତେବେଳେ ତୁ ମୋର ଦେଶ ଗଡ଼ି ଚାଲିଥିଲୁ ଟ୍ରେନ୍‌ର ଝର୍କା ବାହାରେ
ନଦନଦୀ ପାହାଡ଼କନ୍ଦର। ତୋର ସବୁଜ ଆଙ୍ଗୁଠିର ଇସାରା ଆସି ଜଳାଇ
ଦେଇଥିଲା ବସନ୍ତକୁ ଚଳନ୍ତା ଟ୍ରେନ୍‌ରେ, ଜଗାଇ ଦେଇଥିଲା ପଥରରେ
ମୂର୍ତ୍ତିହେବାର ଆତଙ୍କ। ସେସବୁ ଦିନରେ ଯାଉଯାଉ ଭାବିବାର ଥିଲା
ଅନେକ କଥା, ଯାଉଯାଉ ଝୁଂଟି ପଡ଼ିଲାବେଳେ ଭାବିବାର ଥିଲା- ଏଇ କ'ଣ
ପଥଧାରର ଦେବତା ? ପଥଧାରର ଦେବତାମାନେ ବଡ଼ ନିଷ୍ଠୁର ଦେଶ ମୋର,
ତାଙ୍କରି ଆଖିଆଗରେ ଜଳିଯାଏ ସୌଧ ନିଦାଘର, ଛିନ୍‌ଭିନ୍ ହୋଇ ଦେହ
ଫାଟିଯାଏ, ନିଘା ନଥାଏ ଆତ୍ମାର। ଦିନେ ସେମିତି ଘଟିଥିଲା
ଦେଶ ମୋର, ରାସ୍ତାଉପରେ ଚାଲିଥିଲେ ଅସଂଖ୍ୟ ଗାଡ଼ିମଟର,
ଧାନବିଲରେ ଓହ୍ଲାଇଥିଲେ ପଂଝାଏ ଶୁଆ, ପୋଖରୀରୁ ଭଉଁରି

ଖେଳାଇ ବାହାରିଥିଲେ ମାଛ ଅବତାରର, କଦଳୀବଣର ଜଂଘ କାଟିବା ପାଇଁ ଖଣ୍ଡା ପଡ଼ିଥିଲା ପ୍ରତାରଣାର। ଦେବତା ଆଗରେ କାନ୍ଦିବାର ନଥିଲା କି ହସିବାର ନଥିଲା, ଖାଲି ଚୁପ୍‌ଚାପ୍ ଠିଆହେବାର ଥିଲା, ବେଳ ଗଡ଼ିଲାଯାଏଁ ଖୋଜିବାର ଥିଲା ଅସଂଖ୍ୟ ଫୁଲ ଭିତରୁ ଗୋଟିଏ ଫୁଲ। ସେଇ ଫୁଲଟିକୁ ମଥାରେ ଥୋଇ ଯିବାର ଥିଲା ସାତଦ୍ୱୀପ, ତେରପ୍ରାନ୍ତର।

୫୫

ଯାହା କଥା କେବେ ଭାବିନଥିଲି, ଯାହାର ନାଁ ଶୁଣି ଭାବିଥିଲି ସ୍ୱପ୍ନର
ସମୁଦ୍ରରେ ଥିଲେ ଥିବ ଆହତ ବସୁଧାର ରକ୍ତିମ ମାଟି ମୁଠାଏ ଦିଗନ୍ତ
ପାଇଁ, ଥିଲେ ଥିବ ଅସମାପ୍ତ ଆଖ୍ୟାନରୁ ବାହାରିଆସି କୋଉ ଗୋଟାଏ
ରିକ୍ତ ଜନପଦର ଅଭିମାନ ସେଥିରେ, ଥିଲେ ଥିବ ତୀରବିଦ୍ଧ ହେବା ଆଗରୁ
ଆଖିରେ ଘଡ଼ିକର ବିଭୀଷିକା ସେଥିରେ। ଭାବି ନଥିଲି ଦିନେ ଆସି
ପହଂଚିବି ସେ ଦ୍ୱୀପରେ। ଏଭଳି ପାଂଶୁଳ ଦ୍ୱୀପଟିଏ କିଏ ଗଢ଼ିଲା
ସାଗରର ଗର୍ଭକୋଷରେ? କିଏ ଦେଲା ଏ ଦ୍ୱୀପକୁ ପରିଚୟ ଭୟଙ୍କର
ବିସ୍ମରଣର ଏ ପୃଥିବୀରେ?

ଏଠି ମନ ନାହିଁ, ଆତ୍ମା ନାହିଁ, ପ୍ରାଣ ନାହିଁ
ଏଠି ଦେହ ନାହିଁ, ଦୁଃଖ ନାହିଁ, ରୋଗ ନାହିଁ, ଭୋଗ ନାହିଁ
କିଛି ନାହିଁ ଏ ଦ୍ୱୀପର ଅଖଣ୍ଡ ବାଲୁଚରରେ।

ବର୍ଚ୍ଛାଭଳି ପଡୁଚି ଖରା ବାଲିରେ, ଧାର ଧାର ବର୍ଷାର ଲହୁ ପିଇ ଶୁଖୁଚି
ବାଲିରେ ପ୍ରାରବ୍ଧର ବାସନା, କଳ୍ପାନ୍ତରର ଚକ୍ର ବୁଲୁଚି ଉପରେ।
ତଳେ ପଡ଼ିଚି ଜୀର୍ଣ୍ଣ ପାଟି, ଜୀର୍ଣ୍ଣ ପେଟ: ଫଳ ପୋଡୁଚି, ପୋଡୁଚି ମାଂସ
ଶିଖରୀରେ। ଖାଇବି ବୋଲି ଡାକୁଚି ମେଘ ମୟୂରକୁ, କେକାର ମାଂସରେ
ରକ୍ତ ଅଛି କି ବୋଲି ପଚାରୁଚି ଇନ୍ଦ୍ରଧନୁ, ଫଳରୁ ବାହାରୁଚି ଯୁଗଯୁଗର

ଅଭିଶାପ, ବୀଜରେ ଆଉ ଫଳ ଅଛିକି ବୋଲି ପଚାରୁଚି ବଳାକା ଆଷାଢ଼ର।
ମୁଁ ଠିଆହୋଇଚି ଏମିତି ଗୋଟିଏ ଜାଗାରେ ଯୋଉଠୁ ନିଆଁ ଦିଶୁଚି ପଶ୍ଚିମରେ।
ସୂର୍ଯ୍ୟ ଅସ୍ତଗଲେ ବୋଲି ମୁଁ ଭାବୁଚି, ନିଆଁ ଜଳୁଚି ଲିଭିବା ଆଗରୁ
ଆତ୍ମଦାହର ବିଜୁଳିରେ।

ଭୁଲ୍ ଭୁଲ୍ ଭୁଲ୍
କହିଯାଉଚି ନୈଋତରୁ
ଶୂନ୍ୟଥାଳି ନେଇ ଆସିଥିବା ପବନ

ସେ ନିଆଁ ସୂର୍ଯ୍ୟ ନୁହେଁ, ଆତ୍ମଦାହର ଶିଖା ବି ନୁହଁ। ସେ ନିଆଁ
ଉଠିଚି ଅନ୍ଧ ଅରଣିର ଘୋର ଆକ୍ରୋଶରୁ, ଜଳିପୋଡ଼ି ଭସ୍ମ
ହୋଇଯିବ ଅରଣ୍ୟ ସେଥିରେ। ରହିବେ ନାହିଁ କେହି, କାହାରି
ଚିତାଭସ୍ମରୁ ବାହାରିବ ନାହିଁ କୁଆଁମେଲି ନବଜାତକ ଲାଂଛନାର।
ହେ ମୋର ଦେଶ ଏ ଦ୍ୱୀପ କ'ଣ ତୋର ମେଦ ମନ୍ୱନ୍ତରର?-
ଏଥିରେ କ'ଣ ଅଛି ତୋର ଅଭିଶାପର କଙ୍କଲତା, ଅଛି କ'ଣ
ଏଥିରେ ତୋର କର୍ମନାଶାର ତରୁବୀଥି, ଅଛି କ'ଣ ଏଥିରେ ତୋର
ଧ୍ୱଂସର ମେରୁ, ଗିରିବର୍ତ୍ମ, ଆନନ୍ଦ ନିର୍ଝର? ଦେଶ ମୋର ମୁଁ
ପାରୁନି ଆଉ, ନିଆଁ ଜଳୁଚି, ବାରମ୍ବାର ଉଠୁଚି ଆତଙ୍କର ଶିଖା
ଦାବାଗ୍ନିରୁ। ଦେ' ମୋତେ ଖାଇବା ପାଇଁ ଦେ', ପୂରାଇ ଦେ'
ଜଠର ମୋର ପିତୃପୁରୁଷଙ୍କ ଅସ୍ଥିମଜ୍ଜାରେ, ଗଡ଼ାଇ ଗଡ଼ାଇ ନେଇଯା'
ମୋତେ ଶୂନ୍ୟଥାଳିର ପାହାଚରୁ ଶୁଭ୍ର ଅକ୍ଷରର ଅନ୍ନଶାଳାକୁ।
ଦେଶ ମୋର ଏ ଦ୍ୱୀପରେ କେବେ ଖେଳିଚି ତୋର ଜ୍ୱାଳାମୁଖୀ,
ଫୁଟିଚି କେବେ ସହସ୍ରଧାର ରୁଧିର ତା'ର ପାଷାଣରେ? ମୁଁ
ବହୁ ବିଳମ୍ବରେ ଆସିଚି, ପ୍ରଳୟର ଶେଷ ବହ୍ନି ନିର୍ବାପିତ ହେବା ଆଗରୁ
ଆସିଚି ମଳିନ ଦୀପଶିଖା ସାକ୍ଷୀ ହୋଇ କୃତକର୍ମର।

୫୬

ଜାଣିନଥିଲି ତାକୁ, ଯେବେଯେବେ ନୌକା ନେଇ ଯାଇଚି ବିକ୍ଷୁବ୍ଧ ସାଗରରେ
ଯେବେ ଯେବେ ଉଡ଼ିଆସିଚି ଅଣଚାଷର ଗର୍ଭରୁ ତା'ର ଅଙ୍ଗବାସ, ସେବେସେବେ
ମୁଁ ପଚାରିବି ତାକୁ : କେବେ ମିଳିବ ବୁନ୍ଦାଏ ପାଣି ପଥରରୁ ? ହସିଚି ଦ୍ୱୀପ,
କହିଚି ମୁଁ ଜାଣେନା ଜାଣେନା। ରଣଝଣ ହୋଇ ଉଠିଚି ଗମ୍ଭୀରାର ଅନ୍ଧାର
ଭିତରୁ ଦୁଃସ୍ୱପ୍ନ, ଚଂପାଗଛରେ ଲାଗିଚି ଫାଶୀ, କଳାକାଠ ପଡ଼ିଯାଇଚି
ମୁହଁ ତୋର ଦର୍ପଣରେ। ହସିଚି ଦ୍ୱୀପ କହିଚି ମୁଁ ଦେହ ତୋର, ଅଖଣ୍ଡ
ବାଲୁଚର ବୋଲି କହୁଚୁ ଯାହାକୁ ତା'ର ଅଭ୍ୟନ୍ତର ଗଢ଼ା ତୋର ସମର୍ପଣର
ଆକୃତିରେ, ଅଛି ସେଥିରେ କଥା ଯୁଗଯୁଗର। ବୁନ୍ଦାଏ ପାଣି ପାଇଁ କିଏ
କେତେ ଗଲେ ଇତିହାସର ଅରଣ୍ୟରେ, ରକ୍ତଲଗା ଖୋଜଚିହ୍ନ ପଥରରେ
ଦେଖି ଦେଖି ଗଲେ ଶବ୍ଦର ଗୁମ୍ଫା ଭିତରକୁ, ଥିଲା ତା' ଭିତରେ ଅପହଞ୍ଚ
ଶୃଂଗଟିଏ ନିରବତାର, ନିରବତାର ଗର୍ଭରେ ଥିଲା ତୃଣ ମହାକାଳର। ହେ
ମୋର ଦେଶ, ମୁଁ କେତେଦିନ ଆଉ ରହିପାରିଥାନ୍ତି ଏ ଦ୍ୱୀପରେ ? ମୁଁ ତ
କେବେ କିଛି ଚାହିଁ ନଥିଲି, ଚାହିଁ ନଥିଲି ମାଟି ଫାଟି ଉଠୁ ଅଙ୍କୁର, ଚାହିଁ ନଥିଲି
ଶୋଷିଶୋଷି ପ୍ରାଣ, ମୂଳଯାଉ ଶଂକାର ପାତାଳକୁ, ଭରିଦେଉ ମୋର
ଅବିନାଶୀ ରାଜଧାନୀକୁ ସଫଳତାର ଅସଂଖ୍ୟ ସୁବର୍ଣ୍ଣ କଂକାଳରେ ସମୟ।
ମୁଁ ତ ଚାହିଁନଥିଲି ନ ଚାହିଁବାର ଏ ଦ୍ୱୀପ ତୃଷାର ତିମିର ହୋଇ ଉଠୁ

ଦିଗନ୍ତରେ, ବର୍ଷୁ ଉଷାର ଚନ୍ଦ୍ରଲେଖା ପର୍ବତର ପାଂଶୁଳ କଂକାଳରେ। ନା ମୁଁ
ଚାହିଁନଥିଲି ଏସବୁ, ଚାହିଁଥିଲି ଘଟିଯାଉ ଜୀବନ ଘଟଣାରେ, ନିରକ୍ତ
ପଳାଶଟିଏ ଉଠାଇନେଉ ପ୍ରତିଦିନ ଘାସରୁ, ହାତଧରି ତୃଷିତ ଆତ୍ମା ମୋର
ଜଳରେ ! ମୁଁ ଜାଣେନା କ'ଣ କ'ଣ ମୁଁ ଚାହିଁଥିଲି,
ଚାହିଁନଥିଲି ବା କ'ଣ। କେତେଯୁଗର ଅନ୍ଧାରରୁ ଆତ୍ମା ମୋର ଖୋଜୁଥିଲା କି
ଗୋପନ ଅର୍ଥାନ୍ତର, ଭାଷ୍ୟ ଆଲୋକର। ଏତିକି କେବଳ
ଜାଣେ ଯେ ଆରମ୍ଭରୁ ମୁଁ ଦେଖି ନଥିଲି ମୋର ଅନ୍ତିମକୁ, କ୍ଷଣକର
ବିଜୁଳିରେ ଦେଖିନେଇଥିଲି ମହାକାଳକୁ। ମୁଁ ଯେତେବେଳେ
ଥର ଥର ହାତରେ ଛୁଇଁଥିଲି ସେ ସାମର୍ଥ୍ୟକୁ, ଅସ୍ତ୍ରଧରି ଉଠିଥିଲା
ଗିରିବର୍ତ୍ମରୁ ଅବୋଧ ପ୍ରତିହିଂସାର ହାତ। ସେଇ ହାତରେ ମୁଁ
ଥୋଇଥିଲି ମୋର ହାତ, ମୋତେ ବାଟ ଦେଖାଇ ନେଇଥିଲା ସେ ହାତ,
କହିଦେଇଥିଲା ଅଛି କି ଐଶ୍ୱର୍ଯ୍ୟ ସୁଦୂରର ସେ ହିରଣ୍ମୟ ପାତ୍ରରେ।
ଅମୃତକୁ ଅମୃତ ଭାବି ପିଇଲାବେଳେ ଥରିନଥିଲା ଓଠ, ଥରିନଥିଲା
ଜଳ ଅଗାଧ ଦର୍ପଣର। ପ୍ରତିଛବିରୁ ରକ୍ତପିଇ ବଢ଼ିଥିଲା ମୋର
ଶରୀର, ସେଇ ଶରୀର ଆଜି ଠିଆହୋଇଚି ତୃଷାର ଦ୍ୱୀପରେ
ଦେଶ ମୋର, ପଚାରୁଚି ମୁଁ କେବେ ଯିବି ଆରପାରିକୁ, କାଳର
ଜଳଧାରରୁ କୋଉଠି ମିଳିବ ଆଂଜୁଳାଏ ଜଳ ପ୍ରତ୍ୟାଶାର। ଆଶାକୁ
ଯଦି ଫିଙ୍ଗିଦେଇଚି, ଯଦି ଧରିପାରିନି କୁହୁତାନର ପ୍ଳାବନକୁ
ବୈଶାଖର ଦହନରେ, ତେବେ କୋଉ ତୃଷାର ବାହାରେ ମିଳିବ
ତୃପ୍ତି ମୋର ?

ନଦୀ କେବେ ହେବ ହ୍ରଦ
ହ୍ରଦ କେବେ ହେବ ମେଘ
ମେଘ କେବେ ହେବ ଜଳଧାର ?

୫୭

କୋଉଠୁ ଆରମ୍ଭ କୋଉଠି ଶେଷ କିଏ ଜାଣିଚି ? ଭୟର ଏ ବୀଭତ୍ସ ଦ୍ୱୀପରୁ
କିଏ ଆଉ ନବ ବା କ'ଣ ? ସାରା ପୃଥିବୀକୁ ଏକାଠି କରି ମୁଁ ଗଢ଼ିଥିଲି
ଯେଉଁ କପଟପାଶାର ଦାନ, ଥୋଇଥିଲି ଯେଉଁ ପଣ ବିଭ୍ରମର, ସେଇଥିରୁ
ପାଇଥିଲି ଏ ଭୂଖଣ୍ଡକୁ। ସେଥିରେ ଥିଲା ମୋର ଯୁଗ, ମୋର କଳ୍ପ, ମୋର
କାଳ। ଥରକୁଥର ଭାଂଗିପଡ଼ିବାର ଆତଙ୍କରେ ଲେଖାହୋଇଥିଲା ତା'ର
ଦିଗ୍‌ବଳୟର କାହାଣୀ। ପରାଜୟର ତା'ଠାରୁ ବଡ଼ ରୂପକଥା କିଏ ଆଉ
ଲେଖିପାରିଥାନ୍ତା କହ ? କହ କିଏ ଆଉ କହିପାରିଥାନ୍ତା ଏତେବଡ଼
ମିଛକୁ ଏତେ ସହଜରେ ? ଦେଶ ମୋର, ମୁଁ ରହିଚି ଏ ଦ୍ୱୀପରେ,
କାଠିକୁଟାରେ ଗଢ଼ିଚି ମୋର ନୀଡ଼, ଅଭିଶାପକୁ ମାନି ନେଇଚି ଭାଗ୍ୟ ବୋଲି
ବିନା ଅଭିଯୋଗରେ, କହିପାରିନି ପବନକୁ ଯାଆନା ବୋଲି ବିଶାଳ
ମହୀରୁହର ବେକରେ ଅବିଶ୍ୱାସର ଲଟାଗୁଡ଼ାଇ ହେଲାବେଳେ, ଦେଇପାରିନି
ସୀମାରୁ କାଟି ଚିରୁଡ଼ାଏ ମାଟି ପିତୃପୁରୁଷଙ୍କ ଭୋକିଲା ପାଟିରେ,
ଶେଷହେଲା ବୋଲି କହିପାରିନି କେବେ, ରହିଯାଇଚି ଆରମ୍ଭର କଳ୍ପନାରେ।
ଥରକୁ ଥର ଉଜୁଡ଼ିଚି ମୋର ନୀଡ଼, ପ୍ରତିଥର ମୁଁ ଗଢ଼ିଚି ତାକୁ ଭୟରେ।

ଭୟରେ ସେ ଭୟରେ ଦେବତାକୁ ନେଇ ବସାଇଦେଇଚି ସ୍ତବ୍ଧ ଅନ୍ତର୍ଲୋକରେ,
ପଚାରିଚି ହେ ଦେବତା କେବେ ମିଳିବ ମୁକ୍ତି ଏ ଦ୍ୱୀପରୁ, କେବେ
ପୁଣି ମୁଁ ଯିବି ତାରାର ଆଲୋକରେ ବାଟ ଠାବକରି, ସୁଦୂରରୁ କେବେ ପୁଣି
ଶୁଭିବ ବାତୁଳ ପବନର ତାଳି, କେବେ ପୁଣି ଫେରିବାର
ବିଜୁଳି ଚମକିବ, ଅସ୍ତତାରାର ନକ୍ଷତ୍ରରାଗରେ ଭାସିବ ମୋର ତରୀ ?

୫୮

ଆରମ୍ଭର କଳ୍ପନା ମୋର କେଡ଼େ ସୁନ୍ଦର ତୁ ଜାଣୁ ଦେଶ ମୋର ?

ଗାରଟିଏ ଟାଣିଦେଇ ମୁଁ ସବୁବେଳେ ଭାବେ ଏଇଠୁ ଆରମ୍ଭ ହେବ ନୂଆକରି
ଜୀବନ–
ଏଇ ଦ୍ୱୀପର ସୀମାରେଖା
ଏଇ ତା' ବାହାରେ ମୁକ୍ତିର ସନ୍ଧାନରେ ବାହାରିଥିବା ପକ୍ଷୀ ଦଳ ଦଳ
ଏଇ ନୀଡ଼ରେ ଘଡ଼ିକ ପାଇଁ ରହିଯିବାର ମୁକ୍ତି
ଏଇ ମୁକ୍ତିର ପର ସକାଳ
ଏଇ ପରସକାଳର ଓଦାଘାସରେ ଏଯାଏଁ ମୁକ୍ତା ହୋଇ ପାରିନଥିବା
ଟୋପାଟୋପା କାକର।

ସେସବୁ କିନ୍ତୁ ରହିଯାଏ ସେଇ ଆରମ୍ଭରେ। ଯାହାକୁ ଭାବିଥାଏ ନୀଡ଼ ବୋଲି
ତା'ର ସାନ୍ଦ୍ର ରଚନାରେ ଥାଏ ନିବିଡ଼ ଆତ୍ମପରିଚୟର ଅନ୍ଧାର। ସେଠି ମୁହଁକୁ
ମୁହଁ ଦିଶେନି ହେଲେ ଜାଣିହୁଏ ଏଯାଏଁ ତଥାପି ହୋଇନି ସକାଳ।
ତଥାପି ଅଛି ସନ୍ଦେହ ଚକ୍ରବାଳର କପାଳରେ। ବଡ଼ ବିଚିତ୍ର ସମୟ ସିଏ
ଯେତେବେଳେ ଯାଇହୁଏନି ଆଗକୁ କି ଫେରିହୁଏନି ପଛକୁ, ମୂଳ ସହିତ

ମିଶି ମୂଳ ହେବାରେ ବି ନଥାଏ ସୁଖ। କିଏ କେତେ ଆସିଲେ ଗଲେ
କିଛି ହେଲା କି ସେ ଆରମ୍ଭର? ଆରମ୍ଭ ହୋଇ ରହିଗଲା ମୋର ସବୁ
ଆରମ୍ଭ ଅଦ୍ଭୁତ ସେ ଦ୍ୱୀପରେ।

ମୋର ଛାତି ଉପରେ ହାତ ରଖ୍
                    ଦେଶ ମୋର
ଶୁଣ୍ ଭୟରେ ସେ ଦ୍ୱୀପରୁ
ବାହାରିଥିବା ଗୋଟିଏ ଅନନ୍ତ ଆକ୍ରୋଶ
କେମିତି ଘୃଣା କରି ଶିଖୁଚି ନିଜକୁ
ପ୍ରତି ହୃତ୍‌ସ୍ପନ୍ଦନରେ, କେମିତି
କଳଙ୍କର ଟିକା ଲାଗିଚାଲିଚି ସବୁ ଆରମ୍ଭର ଶୁଭ୍ର କପାଳରେ।

୫୯

ଏକଥା ବି ତ ମିଛ ନୁହେଁ ଯେ ଆଉ କେବେ ବି ମେଘ ବର୍ଷିବନି ଆମର ଅପନ୍ତରାରେ, କଅଁଳିବନି ଘାସ, ମରୀଚିକାକୁ ବିଦାରି, ଚିରି ନାରଖାର କରି ମିଳିବ ଟୋପେ ଲହୁ ମରୁଭୂମିରେ ଜାହାଜ ନେଇ ବାହାରିଥିବା ଆବିଷ୍କାରକକୁ! ମିଛ ନୁହେଁ, ହେଲେ କୋଉ ସତର ସାହସ ଅଛି ଏକୁଟିଆ ଆସି ଠିଆହେବ ଯୁଦ୍ଧଭୂମିରେ, ଅସ୍ତ୍ର ନଥିବ ହାତରେ, ନଥିବ ନିର୍ବୋଧତାର ଅଶ୍ୱଗଜଜୈତ୍ରନିଶାଣ? ମିଛ ଏ ଦ୍ୱୀପରେ ସାତସାଧବର ଅଜ୍ଞାତବାସର କାହାଣୀ କହି କହି ଥକିଗଲେଣି ଐତିହାସିକ, ପରିବ୍ରାଜକର ଦିନଲିପିରେ ଭରିଗଲାଣି ଯୁଗଯୁଗାନ୍ତର ଲମ୍ବିଥିବା ଅସଂଖ୍ୟ ଘଡ଼ି ଲଗ୍ନ ତାରିଖ ତିଥି, କୋଉଥିରେ ବି ନାହିଁ ମୋତେ କେହି ଦେଖିଥିବାର ପ୍ରମାଣ! ମୁଁ ମିଛର ଏ ଦ୍ୱୀପରେ ରହିଚି କେବେଠୁ, ଏଠି ମୋର ଛାଇ ବି ବାଲିରୁ ଖୋଜିଲାଗିଚି ପାଣି, ମୋ' ସହିତ 'ଏକାଠି ଦଉି ଭୋଗୁଚି ମୋର ନିରବତାକୁ କୋଉ ଗୋଟାଏ ଅକୁହା କାହାଣୀ। ଏତିକିରେ ସରିଯିବ ଭାବିଚୁ ଦେଶ ମୋର, ଭାବିଚୁ ମୁଁ ରହିଯିବି ଏଇଠି ତୋର ଅସଂଖ୍ୟ ରକ୍ତଦାଗକୁ ଧୋଇବା ପାଇଁ ମରୀଚିକାର ଜଳରେ? ଭାବିଚୁ ମୁଁ ଚାହିଁରହିଥିବି ଏମିତି, ଆକାଶରେ ଭାସିଯାଉଥିବେ ମେଘ ମାଳମାଳ, ଶୁଖିଲା ମାଟିରୁ ଉଠୁଥିବ ଟୋପାଏ ପାଣି ପାଇଁ ହାହାକାର। ମୁଁ ଜଟାଜୂଟ ମଣ୍ଡି ହୋଇ ବସିଥିବି

ସାଧକ ତୋର କନ୍ଦରାରେ, ମନ୍ତ୍ରରୁ ଉଠୁଥିବ ଧୂଳିପଟଳ, ମନ୍ଦ୍ର ମେଘସ୍ୱନରେ
ମିଶୁଥିବ ମୋର ଗୁଂଜରଣ, ହେଲେ ବର୍ଷୁ ନଥିବ ଟୋପାଏ- ଏମିତି ଭାବିଚୁ
ବସିଥିବି, ମିଛକୁ ନେଇ ସତ କୋଳରେ ବସିଲାଭଳି ସାତପୁରୁଷର
ଦେବତା ଘର କୋଣରେ? ସେଇଆ ବୋଧେ ହେବ-

ମିଛର ଏ ଦ୍ୱୀପକୁ ତୁ ପ୍ରଳୟ ପ୍ଲାବନରେ ଛାଡ଼ିଦେଇ ଯିବୁ ଦୂରକୁ-
ନିଦାଘରେ ଜଳି ଜଳି ପାଉଁଶ ହୋଇଯାଇଥିବା ଗୋଟେ ଆଶାକୁ ନେଇ
ମିଛରେ ସେ ଦ୍ୱୀପ ଯେତେବେଳେ ବୁଡ଼ିବ ପ୍ରଳୟ ପ୍ଲାବନରେ ସେତିକିବେଳେ

ବୋଧେ ହସ ଫୁଟିବ ପଥରର ଓଠରେ। ସେତିକିବେଳେ ତୁ କହିବୁ;
ମୁଁ ଏଯାଏଁ ଯାହା କହିନଥିଲି କହିଚି ଶୁଣ, ଏ ଦେହର ମହାପୁରାଣରେ
ଅଛି ଏମିତି ଗୋଟେ ଅଧ୍ୟାୟ ଅଭିଶାପର ଯାହାକୁ ଲେଖିପାରିନି କେବେ
କେହି, ଯୁଗଯୁଗଧରି ଯାହାକୁ ଖାଲି ମନେ ରଖିଆସିଚି ସାରାସଂସାର।
ସେଇ ଅଧ୍ୟାୟରେ ପଡ଼ିଚି ମୋର ମାଟିପିଣ୍ଡ, ସେଇ ପିଣ୍ଡରେ ଅଛି ସବୁ
ମିଛର ପ୍ରାଣ। ତାକୁଇ ନେଇ ଯିଏ ବାହାରିଚି ଗଢ଼ିବା ପାଇଁ
ଦିନରାତି ତାକୁ ଲାଗିଚି କେଡ଼େ ସୁନ୍ଦର ଏ ଜୀବନ, କେଡ଼େ ସୁନ୍ଦର
ତା'ର ନିର୍ମମ ଶଠପଣ, ମାଳତୀଲତାର ଓହଳି ପଡ଼ିବା କ'ଣ ନୁହେଁ
ନିଜକୁ ବଳି ଦେଇ ଦେବା ନିଶାଣ ଶ୍ରାବଣର ଯୂପକାଠରେ?

ଦେଶ ମୋର ମୁଁ ଜାଣିଚି ତାକୁ, ପଢ଼ିଚି ସେ ମହାପୁରାଣ।
ପଙ୍‌କ୍ତି ପରେ ପଙ୍‌କ୍ତି ମୋର ଅସ୍ଥି ବିଛାଇ ବସିଚି ସେ ଆଖ୍ୟାୟିକାର ପାଷାଣ- ମୁଁ
ତାକୁ ଫଟାଇ ଆଣିବି ଭାଗୀରଥି ଏମିତି ବି ତ ହୋଇପାରେ, ଏମିତି ବି ତ
ହୋଇପାରେ ଯେ କେବେଦିନେ ଏ ନିଷ୍ଫଳା ଦ୍ୱୀପରେ ବର୍ଷିବ ସତକୁସତ
ଜଳ ସାତସାଗରର, ଜଣେ କିଏ ବଣିଜ ପାଇଁ ବିଦେଶ ଆସି ରହିଯିବ
ଅଜ୍ଞାତବାସରେ, ଆଉ ଜଣେ ମଂଜି ପୋତି ଅପେକ୍ଷାକରି ବସିଥିବ କେବେ
ଉଠିବ ମଂଜରୀ ଆଉ ଗୋଟିଏ ଆବିଷ୍କାରର।
କିଏ ସତ ପଚାରନା ଦେଶ ମୋର, ସେଇ ପ୍ରଶ୍ନରେ ଅଛି ଅଭିଶାପ ନିର୍ବାସନର।

୬୦

କିଏ କାହାକୁ କହିବ କେବେ ଉଠିବ
ଧୂଳିଧୂସର ପରିଚୟ ମୋର
ଧ୍ୱଂସର ପତାକା ନେଇ ମାଟିର ଗର୍ଭଚିରି ବାହାରିବ
ଧାତୁ ନଷ୍ଟ ଐଶ୍ୱର୍ଯ୍ୟର ?

ଏଇଠି ରକ୍ତଟୋପାଏ ବି ନାହିଁ ରାତିର ଧମନୀରେ
ଝଡ଼ର କଳାପବନ ବୋହୁଚି ଅନ୍ଧାରରେ
ଭାଂଗିରୁଜି ଗଲାଣି କେତେ ସ୍ଥାପତ୍ୟ ସ୍ୱପ୍ନର
କେତେ ଆଉ ଗଢ଼ାହେବ, କେବେ ପୁଣିଥରେ ?

ହେ ମୋର ଦେଶ ଏଇ କ'ଣ ଦ୍ୱୀପ
ମୋର ସ୍ୱାଧୀନତାର ?
ଏଇ କ'ଣ ଲହୁ ସ୍ଫଟିକର ?

ରତ୍ନରେ ଥିଲା ଏ ଲହୁ, ଥିଲା ମୁଠାଏ ଲୁଣରେ, ଥିଲା କାଳକୋଠରିର
ପଥର କାନ୍ଥରେ, ଥିଲା ବାରୁଦରେ, ଥିଲା ନିଜକୁ ନିଃଶେଷ କରି ଅଖିଳର

ନିଆଁ ହେବାରେ। ସବୁ ପରିଚୟର ସ୍ଫଟିକରେ ତୋର ରଶ୍ମିରେଖାରେ ପୁଣି
ଆସିଲା କୋଉଠୁ ଏତେ ଅନ୍ଧାର, ଏତେ ଅନ୍ଧାର ସମୁଦ୍ର ଡେଇଁ ଆସିଲା
କେମିତି ଏ ଉପନିବେଶକୁ ?

ସବୁ ସ୍ୱାଧୀନତାରେ ଥାଏ ବୋଧେ
ତାକୁ ଦୁର୍ବୋଧ୍ୟ କରି ରଖିବାର ଗୋଟେ ଭ୍ରମ
ଥାଏ ବୋଧେ ସେ ଭ୍ରମରେ ସାତପାତାଳରୁ
ଦ୍ରୁମଟିଏ ଭିଆଇବାର ଦୁର୍ବାର ନିଷ୍ଫଳତା।

ମୁଁ ତୋର ଅୟସ୍କକୁ ପଚାରିଚି, ପଚାରିଚି ତୋର ଅଭ୍ରକୁ,
ତୋର କୋଇଲାକୁ ପଚାରିଚି, ତୋର ହୀରାକୁ, ତୋର ସୁନାକୁ-
ଏମିତି କ'ଣ ସାମ୍ରାଜ୍ୟ ନାହିଁ ତୋର ଗର୍ଭରେ ଯାହାକୁ
ଜନ୍ମ ଦେଇପାରନ୍ତା ମୋର ରାତି କୃଷ୍ଣାସାରସର
କାଲିସକାଳର କୌସ୍ତୁଭ କରି ?
ଏମିତି କ'ଣ କଳରବ ନାହିଁ ମିଳନର ଯାହା
ଧୋଇ ଦେଇପାରନ୍ତା ମୋର ପାହାଚ ଅସଂଖ୍ୟ ପ୍ରସ୍ଥାନର ?
ଏମିତି କ'ଣ ଆରମ୍ଭ ନାହିଁ ସେ ଇତିର
ଯାହାକୁ ମୁଁ କହିପାରନ୍ତି ନିଜର ?

କେହି ମୋତେ କହିନାହାନ୍ତି କିଛି, କାହାରିଠାରୁ ବି ପାଇନି ଉତ୍ତର,
ଧୀରେ ଧୀରେ ଲିଭି ଆସୁଚି ସୀମାରେଖା ଦ୍ୱୀପର, ଗୋଟେ ଉତ୍ତାଳ
ତରଂଗ ଆସୁଚି ପିଠିରେ ତା'ର ଶବ ତସ୍କରର। ସବୁ ଶେଷ ହୋଇଯିବ
ଯାପରେ, ରହିବ ନାହିଁ ପଥ, ରହିବ ନାହିଁ ପଥ ସରିବାର ଭୟ। ସେଇ
ଶେଷହେବାରୁ କ'ଣ ପୁଣିଥରେ ଉଠିବ ଅଭୟ, ସବୁ ପ୍ରଶ୍ନକୁ
ଏକାଠି କରି ଗଢ଼ିବ ଗୋଟେ ନୂଆ ପରିଚୟ ନିର୍ଣ୍ଣୟର ? କି
ନିର୍ଣ୍ଣୟ ସେ, କାହାର ସେ ଅଧିକାର ଧୂଳି ଧୂସର ପରିଚୟକୁ ମୋର
ଫେରାଇ ଦେବାର ?

ମୁଁ ଆସିଚି ଇତିହାସରୁ
ତୋର ଅସଂଖ୍ୟ ସ୍ୱୈରାଚାରର ଶଯ୍ୟାରୁ ମୁଁ ଆସିଚି

ଦେଶ ମୋର
ଦେଖ୍ ମୋର ଦେହରେ କେତେ
ଦାଗ ପୋଡ଼ା ବସନ୍ତର !

ଦେଖ୍ ମୋ' ଆଖିରେ କେତେ
ଅନ୍ଧତ୍ୱ ଜ୍ୟୋତ୍ସ୍ନାର
କେତେ ଶିହରଣ ସଂକଟର
କେତେ ଜ୍ୱାଳା ନିର୍ମମତାର ।
ମୁଁ କ'ଣ ଜନ୍ମ ନେବିନି ପୁଣିଥରେ ତୋର ଅମାବାସ୍ୟାରେ ?
ମୁଁ କ'ଣ କହିବି ନାହିଁ ପୃଥିବୀକୁ ଯେ
ମୁଁ ରଖିପାରିନି ମୋର ସ୍ୱାଧୀନତାକୁ ମୋର କାମନାର
ସ୍ଫଟିକ କରି,
ମୁଁ କରିପାରିନି ମୋର ସ୍ଫଟିକକୁ ଦାନାଏ ଲୁଣ ଭଳି ଆତୁର,
ମୁଁ ମୋର ଆତୁରତାକୁ ବି ଫୁଟାଇପାରିନି
ରୋମାଂଚ କରି ମୋର ନୈରାଜ୍ୟର ଦର୍ପଣରେ ?
ହେ ମୋର ଦେଶ,
ମୁଁ ଏ ଦ୍ୱୀପରେ ରହିବି ସେଯାଏଁ
ଯେଯାଏଁ ଦେହ ମୋର ହୋଇଯାଇନି ପଥର
କୃଷ୍ଣସାରର ନାଭିରେ,
ରହିବି ଯେଯାଏଁ ଖୋଲା ହୋଇନି
ଖଣିଜ ନିଶ୍ୱାସ ମୋର ପୃଥିବୀର ରତ୍ନଗର୍ଭରୁ ।

ଥିବି, ଏଇଠି ଥିବି
ତୋର ଥିବାର ସାକ୍ଷୀ ହୋଇ କାଳକାଳ
ନହେଉ ପଛେ ସକାଳ ।

୬୧

ହେ ମୋର ଦେଶ
ହେ ମୋର ସୁଦୂର ଅଭିସନ୍ଧି
ହେ ମୋର ଯୁଦ୍ଧ, ମୋର ପଦସନ୍ଧି
ମୋର କାରାବାସ
ମୋର ନିମିଷ
ମୋର ନିରବତା
ମୋର ରକ୍ତପାତ, ମୋର କ୍ଷୟ, ମୋର ସନ୍ଧାନ
ମୋର ଜୟ
ମୁଁ ତୋର ଅସଂଖ୍ୟ କ୍ଷଣକୁ ନେଇ ରଖିବି କେଉଁ
ନିର୍ବାସନରେ ?

ସବୁ ନିର୍ବାଚନରେ ଜଳୁଚି
କେଉଁ ନା କେଉଁ ଇନ୍ଦ୍ରର ଚିତା
କେଉଁ ନା କେଉଁ ଐରାବତର ଅନ୍ଧାର ବସିଚି
ଦିଗନ୍ତଯାଏଁ
ରାତିର ।

ଜୁଳୁଜୁଳୁ ହୋଇ ଜଳୁଚି ଗୋଟେ ଦ୍ୱୀପ
ଦେହର ଘରକୋଣରେ
ଦେବତା ହୋଇ ବସିଚି ଲୋଭ
ଟୋପାଏ ବି ପାଣି ନାହିଁ
କଳସରେ ।

ଏମିତି ବେଳାରେ ତୋର ନିର୍ବାସନକୁ ଚିହ୍ନିବାରେ
ମୋର ଡେରି ହେଉଚି ଦେଶ
ମୁଁ ରହିରହି ଚାଲୁଚି, ପିଠିରେ ଭାରବୋହି ଅକ୍ଷୟର
କାଳେ ଝୁଂଟିବି
କୋଉ ଅସ୍ଥି ଶହୀଦର
ଜମାଟ ବାନ୍ଧି କଳାପଡ଼ିଯାଇଥିବା
ବିନ୍ଦୁଏ ରକ୍ତର ଏ ଶୁଭ୍ର ଦ୍ୱୀପରେ !

୬୨

ଆଉ କିଛି ନେବାର ନାହିଁ ଏ ଦ୍ୱୀପରୁ, ସବୁକିଛି ନେଇସାରିଲେଣି
ସେମାନେ। ଅରାଏ ବାଲି ପଡ଼ିଚି, ଦି ଚାରିଟା ଅରଖଗଛ, ମନ୍ଦାଏ ଶିଳୁ,
ଦିନେ ଏଠି
ଥିଲା ଗୋଟେ ଘର
ସୂର୍ଯ୍ୟର ଘର।
ସୂର୍ଯ୍ୟକୁ ସେମାନେ ନେଇଗଲେ
ଥୋଇଲେ ସେମାନଙ୍କ ରଥରେ
ପ୍ରତୀକ କରି କାଳର।
ଘର ଉଡ଼ିଗଲା ବତାସରେ
ମାଟିରୁ ତା'ର ନିଅଁ ଉଠିଲା ଜୁଆରରେ
ନିଆଁରେ ଜଳିଗଲା
ତା'ର ବୀଜ ଐତିହ୍ୟର।

ଅସହାୟ ସୂର୍ଯ୍ୟକୁ ନେଇ
ସେମାନେ ଆଉ କ'ଣ କରିପାରିବେ ଏ ପୃଥିବୀରେ ?

ସେମାନେ କ'ଣ ଆଣିପାରିବେ
ଆଉ ଗୋଟାଏ ନୂଆ ଭୂଖଣ୍ଡ
ଉପଳ ଓ ଧେନୁପଲ ସହିତ
ଗୋଟାଏ ଚରାଚରର ସଂଗୀତ
ଏ ବିଧିର ସଂସାରକୁ ?
ସେମାନେ କ'ଣ ଉପୁଜାଇ ପାରିବେ
ଏ ନିର୍ବେଦ ପଥରରୁ ପୁଣି ଗୋଟିଏ ସଭ୍ୟତା ନଦୀର ?

ଆଉ କିଛି ନେବାର ନାହିଁ ଏଠୁ, ଯାହା ଅଛି ତାର ହିସାବ ନାହିଁ ପୃଥିବୀର ଇତିହାସରେ। ଦେଶ ମୋର ମୁଁ ସେତିକି ଧରି ବସିଚି ସେତିକିବେଳୁ, ଭାବୁଚି:

ଯଦି ବାଲି ଅଛି ତେବେ ଅଛି ବୈଦୂର୍ଯ୍ୟ
ଯଦି ଅଛି ଅରଖ ତେବେ ଅଛି ଭୂମା
ଯଦି ଅଛି ଶିଜୁ ତେବେ ଅଛି
ବଳାକା ପାଇଁ ପାଣିଟୋପାଏର ମରୁଭୂମି।

୬୩

ଏ ପ୍ରାନ୍ତରର ନାଁ କ'ଣ ?
ବ୍ୟକ୍ତି, ଗଣ, ଉପନିବେଶ, ଅଧିବାସ ?
ତୃଣାଙ୍କୁର, ଲୋମହର୍ଷ, ତୁଚ୍ଛ, ତୃଷାର୍ତ୍ତ ?
ତ୍ୟଜ୍ୟ, ତୃପ୍ତ, ମଗ୍ନ, ମାନକ ?
କ'ଣ ଏ ସଂସାରର ନାଁ ?

ମୁଁ ଆସିଥିଲି ଏଠିକି ବାଟଭୁଲି
ପୁରାଣର କ୍ଷୀରସିନ୍ଧୁରୁ ନିଦ୍ରା ନେଇ
ମୁଁ ଆସିଥିଲି ଏଠିକି
ଉଡ଼ିଆସିଥିବା ବଟପତ୍ରର ପଛେପଛେ
ପବନକୁ ପଚାର,
ପଚାର ସ୍ମୃତିକୁ ଯାହାର ପାଦଚିହ୍ନରେ
ଏବେ ବି ଦିଶେ ରାସ୍ତା ଘୋର ଅନ୍ଧାରରେ ।

ଧାନକ୍ଷେତର ଇତିହାସ ବି
କହିବ ତମକୁ କେବେ ଦିନେ

ଶିଶାଁଟିଏରେ ଟୋପାଏ କ୍ଷୀର ଦେବାପାଇଁ
ଆସିଥିଲା ଏଠିକି ଦଲକାଏ କଅଁଳା ଖରା
ଯେମିତି ଆସିଥିଲି ମୁଁ ଏ ପ୍ରାନ୍ତରକୁ
ସବୁ ପଥରକୁ ଦେବାପାଇଁ ଗୋଟିଏ ଲେଖାଏଁ ନାଁ
ବଳିଦାନର।

ପୁରାଣର ଅଜ୍ଞାତ ପ୍ରାନ୍ତରରେ ଥିଲା ମୋର ଶୈଶବର କୋଳାହଳ,
ମୋର ଦେଶ, ମୁଁ ତାକୁଇ ଖୋଜିଖୋଜି ଆସି ପହଂଚିଲି
ଶେଷରେ।
କେହି ନଥିଲେ ସେତେବେଳକୁ
ସମସ୍ତେ ଫେରିଥିଲେ ନିଜ ନିଜର କଉଡ଼ି ମୁଠାକ
ଗୋଟାଇ ସାରି,
ପୁଣିଥରେ ଗଢ଼ାହେବା ଆରମ୍ଭ ହୋଇଥିଲା
ଆଉ ଗୋଟିଏ
ହସ୍ତିନା।

୬୪

ସେଇ ବାଟ ଦେଇ ଆସିଥିଲେ ସେମାନେ
ଅଟକିଥିଲେ ଏ ପ୍ରାନ୍ତରରେ
ମାଗିଥିଲେ ମୁନ୍ଦାଏ ପାଣି
ମୁଠାଏ ଭାତ
ସଂଜ ହେବା ଆଗରୁ ନୀଡ଼ ଛାଡ଼ିଯିବାର ଅନୁମତି
ସେମାନଙ୍କ
ପ୍ରାର୍ଥନାର ସଂଗୀତ
ଜିଆଁଇ ଦେଇଥିଲା ଏ ପ୍ରାନ୍ତରର ପଥରକୁ ।

ସେ ବାଟ ଥିଲା
ଗିରିପଥର ବାଟ
ପବନର ହାତଧରି ଆସିଥିଲେ ସେମାନେ
ସେ ବିପଦସଂକୁଳ ବାଟରେ
ସୁଗନ୍ଧର ହାତଧରି ଆସିଥିଲେ ସେମାନେ
ଶସ୍ୟମୟ ପ୍ରାନ୍ତରକୁ
ବର୍ଚ୍ଛାହାତରେ ।

ଦେଶ ମୋର ମୁଁ ଯେତେ ଦେଖୁଚି ଏ ପ୍ରାନ୍ତରକୁ
ସେତେ ଭାବୁଚି ସତରେ
ଉଡ଼ାପକ୍ଷୀର ନୀଡ଼ ପାଇଁ ବର୍ଷାର
କାନ୍ଦିବା କ'ଣ ଏତେ ଜରୁରୀ ଥିଲା
ଯଦି
ନ'ଅଙ୍କର ହାଡ଼ରୁ ଦିନେ
ବାହାରିବାର ଥିଲା ଶତାବ୍ଦୀର ପ୍ରଥମ ଦୂବ
ଏତେ
କ୍ଷୟକ୍ଷତି ହେଲା କାହିଁକି ଯୁଦ୍ଧରେ ?

ଅତିଥିକୁ ନୀଡ଼ରେ ବାନ୍ଧିରଖିବା ଚିରଦିନ
କ'ଣ
ଖେଳ ଥିଲା ପ୍ରାନ୍ତରର ନିଜ ବିରୁଦ୍ଧରେ ?

୬୫

ମୁଁ ତ ଜନ୍ମରୁ ଅନ୍ଧ
ମୋତେ ଆଖି ଯୋଡ଼ାଏ ଦେ' ମୋ' ଦେଶ
ମୁଁ ଦେଖେ ଏ ପ୍ରାନ୍ତରକୁ ମନ ପୂରାଇ
ଦେଖେଁ କି କି ଫଳଫୁଲ ଲେଖାଅଛି ତା' କପାଳରେ
କୋଉ ସମର୍ପଣ ବୋହୁଚି ଏଠି ନଦୀ ହୋଇ
କିଏ ଇତିହାସକୁ ହତବମ୍ବକରି
ଠିଆହୋଇଚି ତା'ର ଶ୍ୟାମଳିମାରେ ।

ଦେ' ମୋତେ ଯୋଡ଼ାଏ ଆଖି
ମୁଁ ଦେଖେଁ କେତେ ତଳେ ଅଛି ମୋର
ଟିପର ଫଳର
କେତେ ଉପରେ ଅଛି ମୋର
ନିଶ୍ୱାସ ଅଭ୍ରର
କାହା କାହା ପାଦଚିହ୍ନରେ ଫୁଟୁଚି ଏଠି
ଲାଭା ଆଗ୍ନେୟ ଉପତ୍ୟକାର
ଏଇ ତୋର ଇତିହାସ ଯଦି

ଏଥିରେ ବି ତ ଥିବ ତୋର ଜଳଦସ୍ୟୁର କାହାଣୀ
ଥିବ ତୋତାପୁରୀର କୁଡ଼ିଆ
ଥିବ
ତର୍କର କଟାଆଙ୍ଗୁଠି
ଥିବେ ସାତଭାଇ ଓ ଗୋଟିଏ ଭଉଣୀ
ବହୁବର୍ଷ ପରେ
ନିଃଶବ୍ଦରେ ଫେରିବାବେଳେ ପରିତ୍ୟକ୍ତ ରାଜଉଆସକୁ
ଘାସ କଅଁଳିବାର ଗୋଟେ ବ୍ୟାଖ୍ୟା ବି ଥିବ
ତୋର ମରୁଭୂମିର ବ୍ରତକଥାରେ !

ଦେ' ମୋତେ ଯୋଡ଼ାଏ ଆଖି
ମୁଁ ଦେଖିବି ସବୁ
ବିଶ୍ୱାସ କର
ଯାହା ଦେଖୁଚି ଏଯାଏଁ
ଆଖିରେ ନୁହେଁ
କଳ୍ପନାରେ :
ଏ ପ୍ରାନ୍ତର ବି ସେଇଥିପାଇଁ
ନୂଆ ଲାଗୁଚି ପାଦତଳେ,
ଲାଗୁଚି ଯେମିତି ପ୍ରଥମ କରି
ଉଡ଼ା ଚଢ଼େଇର ପରଟିଏ ଥୋଇଲି
ମାଟି ଉପରେ ।

୬୬

ଅସ୍ତରାଗର ଶିଖର ଉପରେ
ଧୂଆହୋଇଚି ଏ ପ୍ରାନ୍ତର
ଦେଶ ମୋର
ମୁଁ ଖାଲିପାଦରେ ସେଇଠି ପହଂଚିଚି
ଆଉ କୁଆଡ଼େ ଯିବାର ନାହିଁ
ଆଉ ସାକ୍ଷୀ ହେବାର ନାହିଁ କୋଉ ଅପରାଧର ।

କହିଦିଅନ୍ତି ଯଦି
ସରିଯାଆନ୍ତା କଥା
ହରିଣର ଛାଲରେ ଏତେଗୁଡ଼ାଏ
ତାରା ବି ମରନ୍ତେ ନାହିଁ ଅକାରଣରେ ।
ଯଦି କହିଦିଅନ୍ତି
ଯେ ମୋର ଅସ୍ତରାଗର ଶିଖର ସେପଟେ
ଅଛି ମୋର ଲେଉଟିବାର ବେଳ
ଏତେ ହାଣକାଟ ହୁଅନ୍ତା ନାହିଁ ଏ ପୃଥିବୀରେ ।

କହିପାରୁନି,
ଅପନ୍ତରାରୁ ଉଡ଼ିଉଡ଼ି ଆସୁଚି
ଭଦଭଦଳିଆ
ଚୁପ୍ ହୋଇ ବସୁଚି ଗୋଟେ ମୁନିଆ ପଥରର
ତୀଖ ଉପରେ
ମନକୁ ମନ ପଚାରୁଚି
କହ କି ରଙ୍ଗ ହେବ ଫିକା ଆଲୁଅରେ
ପାଣିର ମଣି ମିଶିଲେ ।
କି ରଙ୍ଗ ହେବ ଦେଶ ମୋର
ଗୋଧୂଳିରେ ଗୋଳି ହୋଇଗଲେ
ଏତେ ଟିକିଏ ଅନ୍ଧାର ଦୂର ବାଟର ?
କି ରଙ୍ଗ ହେବ
ମାଟିରେ ତୋର
ରକ୍ତ ମିଶିଲେ ମୋର ?

କ'ଣ ହେବ ଏ ଶିଖର ଉପରେ ଥୁଆ ହୋଇଥିବା
ପ୍ରାନ୍ତରର
ଯଦି ପାଟି ନଖୋଲେ ଶେଷଯାଏଁ !
ଯଦି ଶେଷଯାଏଁ ମୁଁ ରହିଯାଏ
ଅଧିକାରର ବାହାରେ !

୬୭

ସ୍ୱପ୍ନରେ ଚାଲେ
ଚାଲିଚାଲି ପହଞ୍ଚେ
ଏଭଳି ଗୋଟିଏ ପ୍ରାନ୍ତରରେ
ଯାହାର
ଆରମ୍ଭ ଓ ଶେଷ ମୋ' ଭିତରେ
ମୁଁ ଜାଣିନଥିଲି ଏତେବଡ଼ ପ୍ରାନ୍ତର ଥିଲା ମୋ' ଭିତରେ !
ଦେଶ ମୋର
ମୁଁ ଏବେ ବି କଳିପାରିନି ସେ ପ୍ରାନ୍ତରର ଚଉସୀମା
ବନ୍ଦୀ ହୋଇ ରହିଚି ସିନା ତା'ର ଆରମ୍ଭ ଓ ଶେଷ ଭିତରେ

ଯେଉଁଦିନ ସେମାନେ ଡାକିଲେ ମୋତେ
ସାକ୍ଷୀକରି ପ୍ରାରବ୍ଧର
କହିଲେ ତୋର ପଦେକଥାରେ ପୁଣିଥରେ
ଠିଆହେବ ଫାଶୀଖୁଣ୍ଟରେ ଈଶ୍ୱର
ତୋଳାହେବ ଦେଉଳ
ନିରୀଶ୍ୱରର ଏ ପ୍ରାନ୍ତରରେ,

ମୁଁ ଡରିଗଲି, ଭାବିଲି ଫେରିଯିବି ଏ ପୃଥିବୀରୁ
ପଶିଯିବି ପୁଣିଥରେ ସେ ଗୁମ୍ଫାରେ
ହେଲେ ଆଉ ଶକ୍ତି ନଥିଲା ମୋର ପାଦରେ
କି ଡେଣା ନଥିଲା ମୋର କଳ୍ପନାରେ।

ଦେଶ ମୋର ମୁଁ ଫେରିଲି ନାହିଁ ସେଦିନ
ସାକ୍ଷୀ ହେଲି
କହିଲି ମୋର ଆସ୍ଥାକୁ ନେଇ
ଯାଇଚି ଯେଉଁ ଈଶ୍ୱର
ତାକୁ ଜାଣେ ମୁଁ ଜାଣେ
ଦେଖିଚି ତାକୁ ମୁଁ ଭୟଙ୍କର ଜ୍ୟୋସ୍ନାର
ଦିପହର ଜଳିଲା ବେଳେ ପର୍ବତରେ
ଧ୍ୱସ୍ତ ଶିରୀ ନେଇ ଫୁଲଫଳରେ ଆସିଥିଲା ଯେଉଁ
ସମ୍ଭାର ପତନର
ଥିଲା ସେଥିରେ ହସ୍ତାକ୍ଷର
ସେଇ ପାଷାଣର।

ଦେଶ ମୋର ଖୋଜିଲି ତତେ ସେଦିନ
ଏଇ ପ୍ରାନ୍ତରରୁ ଉଠୁଥିଲା
ଯେଉଁ ସୁଗନ୍ଧ ଶୋଣିତର
ସେଇଥିରେ ବୋଧେ ଥିଲା ତୋର
ସ୍ୱେଦ ଅବସାଦର
ସେଇଥିରେ ବୋଧେ ଥିଲା
କ୍ରୀତଦାସର ଜଂଜିର
ପଥ ହୋଇ ନିର୍ବାସନର।

୬୮

କ୍ରୀତଦାସ ମୁଁ ?
-ହେ ମୋର ଆକାଶ
କୁହ ମୋର କ'ଣ ମୁକ୍ତି ନାହିଁ
ଏ ଅଭିଶାପରୁ ?
ମୁଁ କଣ ଶେଷଯାଏଁ ରହିଯିବି ଏ ଆତଙ୍କରେ
ନିର୍ବାପିତ ଅଗ୍ନିଶିଖାର ଆକଳନ ହୋଇ
ଆକ୍ରୋଶରେ ?

ନିଷ୍ଫଳ ଆକ୍ରୋଶକୁ ମୋର ମୁଠାଏ ନୀଳ ଦେବ ଆକାଶ ?
ମୁଁ ବୋଲିଦେବି ତାକୁ ମୋର
ଶୃଙ୍ଖଳରେ !
ହେ ମୋର ଅଗ୍ନି କୁହ କ'ଣ ମୁଁ କେବେ ପାଇବି ପୁନର୍ଜନ୍ମ
ପାଉଁଶରୁ ?
ଯୁଗଯୁଗ ଧରି ଗଢ଼ାହେଲା ଯେତେ ପ୍ରାନ୍ତର ପାଉଁଶର
ସେଥିରେ କେବେ ବି କ'ଣ ଭୁଲ୍‌ରେ ରହିଯାଇନଥିଲା
ଅଗ୍ନି କଣିକାଏ ସନ୍ଦୀପନ ପାଇଁ ମୋର ସ୍ୱପ୍ନର, ମୁଁ କ'ଣ

ସତରେ କେବେ ଜାଳିପାରିବି ନାହିଁ ସ୍ୱପ୍ନକୁ ସମର୍ପଣର
ମନ୍ତ୍ରବେଦି ଉପରେ ?

ଦିଅ ମୋତେ ସ୍ଫୁଲିଂଗଟିଏ,
ଦିଅ ମୋର ଲେଲିହାନ ଜୀବନ ପାଇଁ
ସ୍ଫୁଲିଂଗଟିଏ ହେ ଅଗ୍ନି ମୋର।

ହେ ମରୁତ୍ ମୁଁ ଫେରିବିନାହିଁ ଫାଲ୍‌ଗୁନକୁ
ଦଗ୍ଧବସନ୍ତରେ ଯେତେ ଅଛି
ବସ୍ତ୍ର ଓ ବଲ୍କଲ ପାଉଁଶ ହୋଇ
ସବୁଥିରେ ଥାଉ ମୋର ଚିତ୍କାର,
ତାକୁ ଉଡ଼ାଇନିଅ ଦୂରଦୂରାନ୍ତର
ସମ୍ବତ୍ସରକୁ କୁହ
ଗନ୍ଧୁ ପବନର ମହିମ୍ନ ନଗର
ଆସୁ ଚକ୍ରବାତ
ଉଡ଼ାଇନେଉ ଶିଳାଲେଖ ଅସଂଖ୍ୟ ରାଜତ୍ୱର।
ସତରେ କ'ଣ ମୁଁ ଅକର୍ମଶିଳାର ନିଦ ହୋଇ
ଥିବି ଚିରକାଳ
ସତରେ କ'ଣ ମୋ' ଚିରକାଳକୁ
ମିଳିବ ନାହିଁ
ଏଇ ଗୋଟିଏ ମୁହୂର୍ତ୍ତର ଝଂଜାରେ
ଉଡ଼ି ବିଲୀନ ହେବାର ଅଧିକାର ?
ହେ ମରୁତ୍ ମୋତେ ଝରାପତ୍ରଟିଏ ଦିଅ
ମୁଁ ତା'ର ସନ୍ଦିଗ୍ଧ ଚପଳତାକୁ ଆୟୁଷ୍ମାନ କରେଁ ଶରତରେ।

ହେ ଜଳ, ହେ ଚଂଚଳ, ତରଳ, ଉଚ୍ଛଳ
ଆତ୍ମଲୀନ ରହସ୍ୟକୁ ମୋର
ଘୋଡ଼ାଇ ରଖ କଳନାଦରେ
ମୁଁ ଯେମିତି କେବେ ନଦେଖେଁ ତାକୁ
ମୁଁ ଯେମିତି କେବେ ନପାଏଁ ତା'ର ହଂସଧ୍ୱନିକୁ
ହ୍ରଦଜଳର ବୃକ୍ଷ ଛାୟାରେ,

ମୁଁ ଯେମିତି କେବେ ନ ଫେରେଁ ପତ୍ରମୁନର ସ୍ଫଟିକ ହୋଇ
ଅଶ୍ରୁବିନ୍ଦୁ ହୋଇ
ଜଗତକୁ
ମହାପ୍ଲାବନରେ ନିମଜ୍ଜିତ ସତ୍ତା ମୋର
ବିଲୀନ ହୋଇ ରହୁ ସେହିଭଳି
ଅଦୃଶ୍ୟ ହୋଇ ରହୁ ଅଦୃଷ୍ଟରେ।
ହେ ଜଳ ମୋତେ ଅନନ୍ତ ବିଳୟର ନିମିଷଟିଏ ଦିଅ,
ମୁଁ ତମକୁ ଦେବି ସାଗର।

ହେ ଧରା, ମୋର ବସୁନ୍ଧରା ମୋତେ
କ'ଣ ଦେଇପାରିବ ଆଶ୍ରୟ ପାଇଁ
ନୀଡ଼ଟିଏ ବୃକ୍ଷଶାଖାର ?
ଦେଇପାରିବ ଏଭଳି ଗୋଟିଏ ପରିଚୟ
ପୃଷ୍ଠାରେ ଯାହାର ଥିବ
ଅନନ୍ତର ହସ୍ତାକ୍ଷର
ଯେଉଁଥିରୁ ଉଠୁନଥିବ ଆର୍ତ୍ତସ୍ୱର କିନ୍ନରର
ସବୁଛାଡ଼ି ମୃତ୍ତିକା ହେବାର
ଲୟଥିବ ସେଥିରେ
ମର୍ତ୍ତିସ୍ୱର୍ଗରେ ଆତ୍ମଘାତର କଳ୍ପନା ନଥିବ
ଗନ୍ଧର୍ବର !
ଦେଇ ପାରିବ ଧରା ମୋତେ ଏମିତି ଏକ ଗୁଂଜରଣ
ଯାହାକୁ ଗାଇପାରିବ ପକ୍ଷୀ
ଯାହାକୁ କହିପାରିବ ପଲ୍ଲବ ଲାଲମାରେ
ଯାହାକୁ ପିନ୍ଧିପାରିବ ଆକାଶ ସିନ୍ଦୂରିମାରେ।

ହେ ମୋର ଲୋହିତ ପ୍ରତ୍ୟୟ,
ମୁଁ କ'ଣ ସତରେ
ବୋହିପାରେ ପ୍ରଳୟରୁ ପ୍ରଳୟକୁ
ଜୀବନ ହୋଇ ବିନାସର୍ତ୍ତରେ।

କ୍ରୀତଦାସ ମୁଁ, ଦେଶ ମୋର
ତୋର ଅଦ୍ଭୁତ ବାଣିଜ୍ୟରେ
ମୁଁ ଥୋଇଦେଇଚି ମୋର ଅସମାପ୍ତ ରଚନା କାଳିମାର
ମୋତେ ଲେଉଟାଇ ଆଣିବାର କଳା ତୋର
ଶେଷ ହୋଇ ସାରିଚି ଯଦି
ମୋତେ ରହିବାକୁ ଦେ' ମୋର ଅସମାପ୍ତିର ଜ୍ୟୋତ୍ସ୍ନାଲୋକରେ
ପ୍ରାନ୍ତର ହୋଇ ଶେଷରେ।

୬୯

ସେମାନେ କହିଲେ : ଏଇ ତ ଦିଶୁଚି ରାଜଧାନୀ !

ମୁଁ କହିଲି : କାହିଁ ମୋତେ ତ କିଛି ଦିଶୁନି !

ମୋତେ ଦିଶୁଚି
ଯୁଦ୍ଧ ପରର ଅସହାୟ ପ୍ରାନ୍ତର
ଯେଉଁଠି ମରିପଡ଼ିଚନ୍ତି ଅସଂଖ୍ୟ ସ୍ୱପ୍ନ ମୋର
– ଏଇଠି ଦେଖ
ପାଦରେ ଚାଲିଚାଲି
କେବେ ବି ଥକି ନ ଥିବା ସ୍ୱପ୍ନକୁ ମୋର
ଶୋଇଯାଇଚି,
ହାତରୁ ଖସିପଡ଼ିଚି ଶ୍ୟାମଳ ଖଡ଼୍‌ଗ ଦୁର୍ବାଦଳର
ଛାତିରେ ଚୋଟ ବାଜିଚି ଘାତକର
ଓଠରୁ ତଥାପି ଲିଭିନି ହସ
ହାତମୁଠାରେ ତଥାପି ରହିଚି ଆକାଶର ଅବଶେଷ ।
– ଏଇଠି ଦେଖ
ଅଶ୍ୱାରୋହୀ ସ୍ୱପ୍ନ ମୋର
ଅସାଡ଼ ହୋଇ ପଡ଼ିଚି

ଶତ୍ରୁର ରଥ ଚକ ଉପରେ
ନିରସ୍ତ୍ର ହାତରେ ତା'ର
ଜିଣିନଥିବା ପୃଥିବୀର ଶିଉଳିଲଗା ମାଟି
ଆଖିରେ ତା'ର ରୁଦ୍ଧ ଦିଗନ୍ତର ଲାଲିମା
ସେ ତଥାପି ଭାବୁଚି ସକାଳ ହେବ
ତା'ର ଅଭିଷେକ ପାଇଁ ଝରିପଡ଼ିବ
କାକରଭିଜା ଗଙ୍ଗଶିଉଳି, ଦୁର୍ଭାଗ୍ୟର
ପଥର ପାହାଚ ଉପରେ।

- ଏଇ ଦେଖ ଗଜାରୋହୀ ସ୍ୱପ୍ନକୁ ମୋର
ପଡ଼ିଚି ଭୂଇଁରେ
ଅଚଳ ମହାମେରୁ ଉପରେ
ପରିଚୟର ସ୍ଥିର ବିଜୁଳି
ଝଟକୁଚି ଥରକୁ ଥର
ଅପରାହ୍ନର ଖରାରେ ତା'ର ଶିରସ୍ତ୍ରାଣ
ଏବେ ବି ତା'ର ଖୋଲିଯାଇନି କବଚ
ତା'ର ଆତ୍ମରକ୍ଷାର ଶେଷଉପାୟ
ବୁଲୁଚି ଅନ୍ଧାରରେ ହାତୀର ଛାଇଭଳି
ଇତିହାସର ଗୁମ୍ଫାକାନ୍ଥରେ,
ଏବେ ବି ତା'ର ବିଶାଳ ଦ୍ରୋହ ଭିତରୁ ବାହାରି
ଗଛମୂଳର ଅନ୍ଧାରକୁ ହାଲୋଳ କରିଦେଉଚି
ତା'ର କୁନ୍ତମୂନର କ୍ଷତ।

- ଏଇ ମୋର ରଥାରୋହୀ ସ୍ୱପ୍ନକୁ ଦେଖ
ଉତ୍ତାନ ହୋଇ ପଡ଼ିଚି ଭଗ୍ନରଥରେ
ନାହିଁ ସାରଥି, ନାହିଁ ଅସ୍ତ୍ର
ନାହିଁ ନିସ୍ତାର,
ପୃଥିବୀକୁ ଲଂଘିଯିବା ପାଇଁ ବାହାରିଥିଲା
ତା'ର ଯେଉଁ ଜୟଯାତ୍ରା
ଆଜି ତା'ର ଶେଷଦିନ

ଆଜି ତା'ର କୃତାଂଜଳିର ଆଂଜୁଳାଏ ଜଳକୁ ଆସିବ
ସାକ୍ଷୀ ହୋଇ ପ୍ରତିରୂପ ପୃଥିବୀର,
ଗଲାପରେ ବି
ଧୂଳି ଉଡୁଥିବ ମାଟିରେ
କହି ହେଉନଥିବ ସେ ଗଲା ରଥରେ କି
ଚିଲର ଡେଣାରେ ।

ହେ ମୋର ହତଭାଗ୍ୟ ସ୍ୱପ୍ନ ମୁଁ ଜାଣିନଥିଲି ତମକୁ ଏମିତି ଭେଟିବି
ଏ ଯୁଦ୍ଧଭୂମିର ନଷ୍ଟ ପ୍ରାନ୍ତରରେ ।

ସେମାନେ କହିଲେ ନା ନା ଏସବୁ ତମର ସ୍ୱପ୍ନ ନୁହଁ, ଏସବୁ ତମର ଜୟଯାତ୍ରାର ନିଶାଣ, ରାଜଧାନୀ ତମର କାଳମୁହଁରୁ ଛଡ଼ାଇ ଆଣିଥିବା ସାମ୍ରାଜ୍ୟର । ଯେଉଁମାନେ ଏଠି ପଡ଼ିଚନ୍ତି ମାଟିରେ ସେମାନେ ତମର ସ୍ୱପ୍ନ ନୁହନ୍ତି, ସେମାନେ କିର୍ତ୍ତୀସ୍ତମ୍ଭ ତମର ଧରାନିବାସର । ଯାହାକୁ କହୁଚ ପଦାତିକ ସେ ତମର ରାଜଧାନୀର ନାଗରିକ, ସାରାରାତି ଦେଖିଦେଖି ଉତ୍ସବ ଶୋଇପଡ଼ିଚି ଘଡ଼ିଏ, ଦେଖିବ ସେ ନିଦଭାଂଗିଲେ ଭିଡ଼ିମୋଡ଼ି ହୋଇ ଉଠିବ, ଛାତିର ରକ୍ତସ୍ତବକକୁ ଖୋଷିଦେବ ମୃଣ୍ମୟୀର କବରୀରେ, ଧ୍ୱଂସସ୍ତୂପ ବୋଲି କହୁଚ ଯାହାକୁ ସେଇ ମଣିମାଣିକ୍ୟରୁ ସେ ଖୋଜିପାଇବ ତା'ର ନିଜର ଅଧିକାର । ଏ ଅଶ୍ୱାରୋହୀର ଶବ ନୁହେଁ, ଗଜାରୋହୀର ଶବ ନୁହେଁ, ରଥାରୋହୀର ଶବ ନୁହେଁ । ଏମାନେ ତମର ରାଜଧାନୀର ଅସଂଖ୍ୟ ଜଡ଼ତା, ରହିଯାଇଚନ୍ତି ନିମିଷକ ପାଇଁ ପଥଧାରରେ, ଉଠିବେ ଏମାନେ, ବିଶାଳ ଜନସମୁଦ୍ରରୁ ଉଠିବ ଏମାନଙ୍କର ତସ୍କରର ପୋତ, ଲୁଂଠନ ପାଇଁ ଉଠିବ ଏମାନଙ୍କର ବଢ଼ି, ମରୁଡ଼ି, ବାତ୍ୟାର ସଂକେତ ଇତିହାସର ଚୂଡ଼ାରେ ।

ଦେଶ ମୋର ମୁଁ ଦେଖିପାରୁନି କିଛି । ଏ ସୁଦୀର୍ଘ ପ୍ରାନ୍ତରର
କେଉଁ କୋଣରେ ଲେଖାଅଛି ମୋର ଶିଳାଲେଖ ଭାଗ୍ୟର ?

୭୦

କାହାକୁ କହିବି ଉପନିବେଶ ? ଏ ସାରା ପୃଥିବୀ ମୋର, ଏଥିରେ
ଆଉ କାହାରି ନାହିଁ ଅଧିକାର, ଏଇଆ ଭାବି ମୁଁ ରହିଆସିଲି ଏଯାଏଁ
ଛାଇର ସାମ୍ରାଜ୍ୟରେ, ଭାବିଲି ନାହିଁ ଭୁଲ୍ ଅଛି ଏଥିରେ, ଅଛି ଏଠି
କଳା ପଡ଼ିଆସୁଥିବା ଭ୍ରମର ଗୋଟେ ଶୁଭ୍ରତୋରଣ ଯାହାପରେ ଆଉ
ଶତାବ୍ଦୀର ସୀମା ନାହିଁ, ନାହିଁ ଉତ୍ତାଳ କାଳର ତିରସ୍କାର। କଳା ପଡ଼ିଆସୁଚି
ଶୁଭ୍ର ତୋରଣ, ସେଥିରେ ତୋର ମୁହଁ ଦିଶୁଚି ବହୁ ଲାଂଛନାର ଦିଗ୍‌ବିଜୟରୁ
ଉଠି ଆସୁଥିବା ଧ୍ୱସ୍ତ ସକାଳଟିଏ ଭଳି।

ସାରାଜୀବନ ମୁଁ ବୁଲିଚି ଏ ପ୍ରାନ୍ତରରେ। ଏଠଇ ଦେଖିଚି ସୂର୍ଯ୍ୟୋଦୟ,
ସେଠି ମଧ୍ୟାହ୍ନ, ଆଉ କୋଉଠି ସୂର୍ଯ୍ୟାସ୍ତ। ଏଇ ପ୍ରାନ୍ତରରେ ଜନ୍ମ
ହୋଇଚି, ଧୂଳି ଖେଳିଚି, ଧରାହୋଇ ଯାଇଚି ଘାତକମାନଙ୍କୁ, ବଳିପଡ଼ିଚି,
ରକ୍ତକଣିକାରୁ ପୁଣିଥରେ ଜନ୍ମିଚି ନେବାପାଇଁ ପ୍ରତିଶୋଧ କାଳର ପରିହାସର।

ଦେଶ ମୋର ମୁଁ ତତେ ବନ୍ଦୀ କରି ରଖିନି ତ ! କହିନି ତ ଛାଇ ଭଳି ଥା'
ଛାଇର ସାମ୍ରାଜ୍ୟରେ, ଉଡୁଥା ଛାଇର ବିଜୟକେତନ ଛାଇର ରଥଚୂଡ଼ାରେ !
କହିଚି: ହେ ମୋର ସଖା ଜନ୍ମଜନ୍ମର ମୋତେ ମୋର ଅସ୍ତିତ୍ୱ ଦେ' ଦେଖାଇଦେ

ମୋତେ ଘଡ଼ିଏ ସ୍ଥିର ହୋଇ ରହିବାର ଠାବ, ମୁଁ ଶସ୍ୟଶ୍ୟାମଳ ହୋଇପାରିନି
ଯଦି, ହୋଇପାରିନି ଯଦି ତୃଣମୟ ତ୍ରାଣ ତୋର ବାଲିଝଡ଼ର, ହୋଇପାରିନି
ଆଉ କାହାରିଭଳି ଚତୁର, ମୋତେ ଫେରାଇଦେ ସେଇ ସରଳ ଉପତ୍ୟକାକୁ
ଗାରେ ବଳାକାରେଖା କରି, ବନାଗ୍ନିର ଧୂମ୍ରରେଖା କରି ବୈଶାଖର।
ମୋତେ ମୁକ୍ତ ହେବାକୁ ଦେ' ଦେଶ ମୋର, ଏତିକି କହି ମୁଁ ଚୁପ୍
ହୋଇଯାଇଚି ସେବଠୁ, ଯେବଠୁ ଆଉ ଏ ଦ୍ୱୀପର ରକ୍ତ ଉଠୁନି
ସାଗରର ଧମନୀରେ, ଉଠୁନି ସୁନୀଳ ରକ୍ତରେଖାର ସୁଗନ୍ଧ ମେରୁ
ବୃତ୍ତରୁ। ଚୁପ୍ ହୋଇ ବସିଚି ଆଜି, ସାରା ଜୀବନ ବୁଲି ବୁଲି
ଥକି ଯାଇଚି ମୋର ପାଦ। ଆଜି ଏ ପ୍ରାନ୍ତରରୁ ଦେବି ମୋର
ଅସଂଖ୍ୟ ଅବସାଦ ତତେ ଦେଶ ମୋର, ତାକୁ ଗୋଟିଏ ମୂର୍ତ୍ତିକରି
ଗଢ଼ିଦେବୁ ସୈକତରେ, ବାଲିବନ୍ତର ରକ୍ତରାଗରେ ବଜାଇଦେବୁ
ତା'ର ଆତ୍ମହରା ବେଣୁ, ଯେମିତି ମୁଁ ନ ରହେ ଆଉ, ନଆସେ
ଯେମିତି ମରଣ ନିଗଡ଼ରୁ ମୃଣ୍ମୟୀ କେବେ, ନଲେଉଟେ ଯେମିତି
ପ୍ରତିଧ୍ୱନି କନ୍ଦରାକୁ।

ମୁଁ ତତେ ଯାହା କହିପାରିନି ତା'ର ଅଲିଖିତ ଇତିହାସକୁ ତୁ
ବେଦ କହୁ, ପୁରାଣ କହୁ ମୋର ବିସ୍ମୃତିର ଅରଣ୍ୟକୁ? ତାକୁଇ
ନେଇ ତୁ ଏ ଦିଗନ୍ତରୁ ସେ ଦିଗନ୍ତଯାଏଁ ବିଛାଇ ଦେଇଚୁ ତୋର
କଳ୍ପଦ୍ରୁମର ଚେର? ସେଠି ସତ କ'ଣ, ମିଛ ବା କହିବି
କାହାକୁ? ଯାହା ମାଗିବି ମିଳିବ, ଯେବେ ଚାହିଁବି ବୁଜି ଦେଇ
ପାରିବି ଆଖି, ଯୋଉଠୁ ପାରେ ସେଇଠୁ ଗୋଟାଇ ନେଇ ପାରିବି
ଇନ୍ଦ୍ରନୀଳ ମଣି। ଛଳନାର ଏ ପ୍ରାନ୍ତରରେ ତତେ ନିଜର କରି
ପାଇବାରେ ହିଁ ଥିଲା ମୋର ଯୁଗଯୁଗର ସାଧନା- କୋଉ ଗୋଟାଏ
ମିଛକୁ ସତମଣିବାରେ ନଥିଲା କାଳର ବାହାନା, ଥିଲା ସେଥିରେ
ଅଙ୍ଗୀକାର ମୋର, ଦିନଦିନ, ମାସମାସ, ବର୍ଷବର୍ଷ ପୋଡ଼ି
ଶୁଦ୍ଧ ହେବାର ଯାତନା

ଥା' ମୋର ଦେଶ ସୁଖରେ ଥା'।

୭୧

ଏଇ ଯେଉଁ ଦୂରରୁ ଦିଶୁଚି ପର୍ବତମାଳା
ଯାହାର ଫୁଲ ଫୁଟିବାର ଧୂଆଁ ଉଠୁଚି ସୂର୍ଯ୍ୟୋଦୟରୁ
ତାଆରି କାରାଗାରରେ ଅଛି
ମୋର ଶେଷପ୍ରାନ୍ତର ବିଶ୍ୱାସର ।
ତ୍ରୟୋଦେଶ ମରଣର ଗୋଟିଏ ବୋଲି ଜୀବନ
ଆବିଷ୍କାରର,
ମୁଁ ତାକୁ ଦେଖିନଥିଲି କେବେ
ଜାଣିନଥିଲି ସେଇଠି ଅଛି ସତ୍ୟର ଶ୍ରେଷ୍ଠ ଅହଂକାର,
ପଡ଼ିଚି ଧୂଳିଧୂସର ଛାୟାପଥ
ଆକାଶରୁ ବାହାରି ଆସି ଶୋଇଚି ଅନନ୍ତ ସୁଖ ମୋର
କୋଳରେ ତା'ର

ଫୁଲଫୁଟିଲେ ଜଳିଯାଏ ସେଠି,
ନିଆଁର ସୂତାରେ ଗୁନ୍ଥି ହୁଏନା
ଟୋପାଟୋପା ଶିଶିରକୁ ବନମାଳ କରି
ଯେତେ ଚାହିଁଲେ ବି ଧୋଇହୁଏନା

ଧୋଇହୁଏନା ବସନ୍ତର ରକ୍ତଲେଖା କିଶଳୟରୁ
ରହିଯାଏ ସ୍ତୂପ ପରେ ସ୍ତୂପ ଭସ୍ମର ବେଦି
ଅମୃତ କଳସ ଧରି ବାହାରିଥିବା ଐରାବତ ଆଗରେ।

ଫୁଲର ପାଉଁଶରେ ପୁଣି ଥାଏ ଏତେ ମହକ ମଣିଷ ପାଇଁ?
ଥାଏ ଏତେ ସମର୍ପଣର ନିଶା ନିଃସ୍ୱ ହୋଇ ଠିଆହେବାରେ?

ମୁଁ ତୋର ଏ ପ୍ରାନ୍ତରରୁ
ନେବି ଧୂଳିମୁଠାଏ ଦେଶ ମୋର
ନମିଳୁ ପଛେ ବିଶ୍ୱାସ ମୋତେ ବଂଚିବାର
ଏଇ ଧୂଳି ମୁଠାଏରୁ ଗଢ଼ିବି ମୋର ଅନ୍ତଃପୁର
ଯେଉଁଠି କିଛି ନଥିବ ଫେରିଆସୁଥିବା ଗୁଡ଼ାଏ ପାଦଚିହ୍ନ ଛଡ଼ା
କିଛି ନଥିବ ପ୍ରତିଧ୍ୱନି ହୋଇ ଆସିଥିବା ଗୁଡ଼ାଏ ବ୍ୟାକୁଳ ଅନ୍ତରା ଛଡ଼ା
ମହାଗାନର।
ଯେଉଁଠି
ଆଉ ଶୁଭୁନଥିବ ସମୁଦ୍ରଘୋଷ
ଯେଉଁଠୁ ଦିଶୁନଥିବ ଦୂରର ପର୍ବତମାଳା
ବା
ଜ୍ୱଳନ୍ତ ବସନ୍ତର କାରାଗାର।

ଚିରଦିନ ଏଠି ରହିବି ନାହିଁ ଜାଣେ, ଜାଣେ ମୋର ଏ ଅନ୍ତଃପୁରର
ଶିଳାଖଣ୍ଡରେ ବି ଅଛି ଅବବାହିକାର ସେଇ ବ୍ୟଥିତ ଉପଳ ଯାହାର
ଦୁଃଖ ଓଦା କରିଦେଇଥିଲା ସମଗ୍ର ବସୁନ୍ଧରାକୁ ଶ୍ୟାମଳିମାରେ,
ଜାଣେ ଅଛି ଏ ଗୋପନ ମର୍ମରରେ ଅଟ୍ଟହାସ୍ୟ କାଳର ଯାହାକୁ
ମୁଁ ସହିପାରିବିନି କେବେହେଲେ।

ରହିବି ସେଯାଏଁ, ଯେଯାଏଁ ରହିବ ଏ ପର୍ବତମାଳା, ଏ ସୂର୍ଯ୍ୟୋଦୟ,
ଏ ଭସ୍ମବେଦି, ଏ କାରାଗାର। ଏମାନେ ଯଦି ମାଟି ହେବେ ଦିନେ
ମୁଁ ବି ମାଟି ହେବି ସେବେ। ହେଲେ କହିବି ନାହିଁ ମୁଁ ଯାଉଚି
ଏଥର ହେ ବନଗିରି ହେ ଲତାଗିରି ଲାଗିଲା ତମକୁ ମୋର ସଂସାର,

ସଂସାର ସରିବା ଆଗରୁ ମୁଁ କାହାକୁ ବି ଦେବିନି ମୋର ଅଥର୍ବତାକୁ ଉପହାସ କରିବାର ଅଧିକାର।

ଶେଷପ୍ରାନ୍ତରରେ ଶେଷ ଦୂରତ୍ୱର ପଥର ମୋର ଅଥର୍ବତା, ଯାହାକୁ ମୁଁ ପିନ୍ଧାଇ ଦିଏଁ ସିନ୍ଦୂର, ବୋଳିଦିଏଁ ନୂଆଚନ୍ଦନ ଯା'ର ନାଭିମଣ୍ଡଳରେ, ପୂଜିଦିଏଁ ମନଭରି ଯାର ନିରବତାରେ ନିବିଡ଼ ହୋଇ ରହିଥିବା ସେଇ ବାକ୍ୟକୁ ଯାହା ଅର୍ଥ ଦିଏ ମୋର ନିରର୍ଥ ଆତଙ୍କକୁ।

ହେ ମୋର ଅର୍ଥ, ହେ ମୋର ପ୍ରତ୍ୟୟ, ହେ ମୋର ଦେଶ
ଆଉ କଣ ଜୀବନ ନାହିଁ ଏତେ ଗୁଡ଼ାଏ ମରଣ ପରେ ?

୭୨

ଏଇଠୁ ଆରମ୍ଭ ହେବ ଆଉ ଗୋଟିଏ ଅଧ୍ୟାୟ
ଯାହାର ରୂପ ନଥିବ
ନିର୍ନିମେଷ ଆଖିରେ
ଯାହାର କଥା ବୈଶାଖର ଝାଂଜିରୁ ବାହାରି
ପହଂଚିଥିବ ଶ୍ୟାମଳ ସୈକତରେ ଭୂମାର,
ଯେଉଁଠି ଆରମ୍ଭ ହୋଇ
ସରିଯାଇଥିବ ଗୋଟିଏ ଯୁଗ
କୋଟିଏ ଅପନ୍ତରାରେ ।
ଯାହାର ଦେହ ବୋଲି କିଛି ନଥିବ
କେବଳ
ପାହାଚ ପରେ ପାହାଚ ଥିବ ଅନ୍ଧାରକୁ
ନିରବ ପାଦଟୀକାରେ
ରଚିଯାଇଥିବ ନିଶ୍ୱାସ ଯାହାକୁ
ନିରଭ୍ର ଆକାଶରେ
ନିମିତ୍ତ କରି,

ଆଉ କେହି ନାହିଁ ବୋଲି ଯାହାକୁ
ପବନ ଖେଳିଥିବ ପତ୍ରଝଡ଼ାରେ
ଆୟୁଷ ଯାହାର ଥିବ ଭ୍ରୂଣରେ ବସନ୍ତର
ସାତତାରାର ସଂକଳ୍ପ ହୋଇ
ସନ୍ଦିଗ୍ଧ କାଳାନ୍ତରରେ।
ସେଇ ଅଧ୍ୟାୟରେ ଦେଶ ମୋର
ତୋର ସୀମାରେଖାରୁ ବାହାରୁଥିବ
ପୁଣ୍ୟ ମୋର ଅକ୍ଷୟ ଦୀପଦାନର
ବାହାରୁଥିବ ରାଶିରାଶି ରଶ୍ମି ଜଗତର
ଜୈତ୍ରବନକୁ ଉଜାଡ଼ି ଦେବା ପାଇଁ ପଲକରେ।

ଠିଆହୋଇଥିବ ଜୀର୍ଣ୍ଣଦ୍ୱାର
ଏଭଳି ଗୋଟିଏ ଭବିଷ୍ୟତର
ଯାହାକୁ କେବେ ଲଂଘି ପାରିନି ମଣିଷ
ଯାହାକୁ କେବେ ଗଢ଼ିନଥିଲେ ଈଶ୍ୱର।

୭୩

ସେମାନଙ୍କୁ ଘୃଣା କରିପାରିନି ଦେଶ ମୋର
ଯେଉଁମାନେ
ରକ୍ତରୁ ମୋର ନେଲେ
ଅହଂକାରର ତୁଷାର,
ନେଲେ ପୌରୁଷରୁ
ଆହତ ଅଭୀଷ୍ଟ ମୋର
ଅଭୀଷ୍ଟରୁ ନାର୍ଥିବ ଶରୀର ।

ସେମାନେ ସନ୍ତାନ ତୋର-
କେହି ବି ନୁହନ୍ତି ମୋର ।
ତଥାପି ସେମାନେ ଥିଲେ ବୋଲି ତ ଏତେ
କଠୋର ହେଲା ନିଗଡ଼
ଏତେ କରୁଣ ହେଲା
ମୋର ପଳାୟନର ଝଡ଼,
ଈପ୍‌ସାର ପ୍ରାଚୀରରେ
ଏତେ ଉନ୍ମାଦ ହୋଇ ମାତିଲା ମୋର ଅସ୍ତରାଗ

ରକ୍ତ ବୋଳିଦେଲା ପଥରରେ
             ଜାଳିଦେଲା ତୃଣରୁ ଶିଶିର ।
ସେମାନେ ଥିଲେ ବୋଲି ତ ମୁଁ ଶୁଣିଲି ନାହିଁ
             ଡାକ ସପ୍ତର୍ଷିର
             ଓହ୍ଲାଇଲି ଭ୍ରଷ୍ଟତାରା
ଲିଭିଆସୁଥିବା ଗୋଧୂଳିରେ
             ଦେଲି ସଂଦୀପନ,
             ସେମାନଙ୍କୁ ଦେଲି ମୋର
ନିରଂକୁଶ ଉତ୍ତରାଧିକାର ।

ଦେଶ ମୋର ମୁଁ କ'ଣ ଜାଣେନି
             ସେମାନଙ୍କ ପାପ ଠାରୁ ବଡ଼
             ସେମାନଙ୍କ ନଷ୍ଟ ଖେଳଘର !

୭୪

ସେମାନଙ୍କୁ ତୁ କେମିତି ଜନ୍ମଦେଲୁ ଦେଶ ମୋର ?
ତୋର ଗର୍ଭରେ କ'ଣ
ଏତେ ନିଆଁ ଥିଲା ଯେ ତାକୁ
ଲିଭାଇ ପାରିଲା ନାହିଁ ଶ୍ରାବଣ,
ଏତେ ଥିଲା ଆକ୍ରୋଶ ଯେ ତା'ର
ଆଲୁଅରେ ଦିଶିଲା କେବଳ
ମୁଖଶାଳାର ରସାତଳ ?
ଧ୍ୱସ୍ତ ଗୋଟେ ମନ୍ଦିରରେ ଆଉ
ଦେବତା ରହିବ କୋଉଠି ଦେଶ ମୋର
ଯଦି ସବୁ ସ୍ୱପ୍ନର ବୀଭତ୍ସତାରୁ
ଗଢ଼ିଦେଇଚି ସମ୍ବତ୍ସର
ଯଦି ଧାନଶିଁସାରୁ ମିଳୁଚି କ୍ଷୀର
ନଇଁପଡ଼ିଥିବା ଧନିଷ୍ଠାକୁ କାଳରାତିରେ !

ସେମାନେ ଏବେ ବଡ଼ ହେଲେଣି
ଜାଣିଗଲେଣି ସ୍ୱପ୍ନ ଦେଖିବା

ଖୋଲିଜାଣିଲେଣି ଜୋତା ପାଦରୁ
ଖାଇ ଜାଣିଲେଣି ଦେବତାଙ୍କୁ ଜଳନେଇ ଗଣ୍ଡୂଷରେ
            ଜୁଇରୁ
ଶିଖିଲେଣି ତୋଳି ଆଣିବା ତମାଳ,
ବୁଝିଗଲେଣି ତିନିପହରର ଡାକକୁ ଖେଳରେ
            ନିଦରେ ଭୁଲିଶିଖିଲେଣି କେବେ ଦିନେ
            ଥିଲା ଏ ପୃଥିବୀ କୁଆଁତାରାର
            ନିର୍ଲୋଭ ନିଦ ହୋଇ,
            ନୂଆ ଫିଟିଥିବା ଶାଳପତ୍ରର ଧାରରେ
            ଟୋପାଏ କାକର ହୋଇ କରୁଣାର।

ସେମାନଙ୍କୁ କ୍ଷମା ମାଗି ନେ' ଦେଶ ମୋର
            କହିଦେ' ତୋର
            କ୍ଷୁଧା ନ ଥିଲା,
            କ୍ଷୀରସାଗରରୁ
ଗୋଟେ ଦ୍ୱୀପ ଉଠିଥିଲା ଦିନର ମଳାଶେଯରୁ
            ଜୀବନ୍ତ ହୋଇ ରାତିରେ
ସେମାନଙ୍କ ମରଣ ଆଗରେ
            ଥିଲା ସବୁଠୁ ବଡ଼ ସୁଖ
            ଅପରିଚୟରେ ବଂଚିବାରେ।

୭୫

କେହି ବି ଚାହେଁନି ପାଇବା ପାଇଁ
        ଏମିତି ଗୋଟେ ଜୀବନ
        ଯାହାର ଧୂଳିରୁ ଉଠି ପବନ
ଯିବ ଗହନ ଗଛଶାଖାର ଯୌବନକୁ
        ଉଜାଡ଼ିଦେବ ନୀଡ଼
କହିବ ମୋର ଲୋଡ଼ାନାହିଁ ଦିଗର ଝିନବାସ
        ଲୋଡ଼ାନାହିଁ କାରଣ
        ଘନଘୋର ବର୍ଷାରେ ଫୁଟି
ମିଳାଇ ଯାଉଥିବା ଶ୍ୟାମରାଗର ।

କେହି ବି ଚାହେଁନି ପାଇବା ପାଇଁ
        ଅସମର୍ଥ ବରଦାନ
                ଆତଙ୍କର ।

ଦେଶ ମୋର ମୁଁ ଚାହିଁନଥିଲି ଏସବୁ ପାଇବା ପାଇଁ
        ଜାଣିଥିଲି ଏ ନିଆଁରେ ମୋର ପ୍ରାଣ

ପିଣ୍ଡ ହୋଇ ପଡ଼ିବ
ଏଥିରୁ ତିଆରି ହେବ
ପାଉଁଶର ପ୍ରଣୟ ମୋର,
ପ୍ରୟୋଜନର
ସବୁ ତାରା ଲିଭିଯିବେ
ରାତି ହେଉହେଉ
ଅଦୃଷ୍ଟର ଭାଲପଟରେ।

ସେଇ ମୋର ପାଇବା ଦେଶ ମୋର
ସେଇ ମୋର ଜିଘାଂସା ପରାଜୟର।
ନିଜଠାରୁ ନ୍ୟୂନ ହେବାର
ଗୋଟେ ବ୍ୟୂହ ଅଛି ଏଥିରେ
ଯେମିତି
ମରଣ ଅଛି ଆଲିଙ୍ଗନରେ।
ତୁ ଭଲରେ ଥା'
ଥା' ସେମିତି ଶସ୍ୟଶ୍ୟାମଳା
ସୁଜଳାସୁଫଳା
କବିର କଳ୍ପନାରେ।
ସେ କଳ୍ପନାରେ ବି ଥାଉ ତା'ର ସବୁଠୁ ବଡ଼ କ୍ଷତ
ସବୁଠୁ ବଡ଼ ସମର୍ପଣ
ସବୁଠୁ ବେଶି ରକ୍ତସ୍ରାବର।

୭୬

କ୍ଷତ ଥିଲା ତୋର ଦେହ ସାରା
ତୁ ଜାଣି ନଥିଲୁ,
ଭାବିଥିଲୁ ଏ ହିମବନ୍ତରେ ଅଛି ଏତେ ସୁକୃତ
ଏତେ ଅକ୍ଷତ ଅଛି ଚିରସ୍ରୋତାର ପଣତରେ

ଯେ
ଚାହୁଁ ଚାହୁଁ ବିତିଯିବ ଜୀବନ
ଗୋଟିଏ ଆଲିଙ୍ଗନରେ ଫୁଟି ବାସିଉଠିବ ବଉଳ।

ନା ରେ ନା ଦେଶ ମୋର,
ତୋର ଦେହ ସାରା ଥିଲା କ୍ଷତ
ରକ୍ତରେ ଭିଜିଯାଇଥିଲା ଅଖଣ୍ଡ ବନବାସ
ହଜିଯାଇଥିଲା କୁହୁ
ନୀରବତାର କନ୍ଦରାରେ।

ମୁଣ୍ଡପିଟି ଫେରିଥିଲା ସାଗର
ଫେରିଥିଲା ଆଶାର ଅହଂକାର

ତୋର ନଷ୍ଟଦେହକୁ ଘେରି ବସିଥିଲେ
ଅସଂଖ୍ୟ ମୂକ ଅବତାର
ପାଷାଣର
ଟୋପାଏ ଲହୁ ପାଇଁ କାନ୍ଦି ଗଡ଼ିଯାଇଥିଲା
ସନ୍ତାନ ତୋର
ବ୍ୟଭିଚାରର ।

ତଥାପି ତୋ ପାଇଁ ଗଢ଼ା ହୋଇନଥିଲା ଦେଉଳ
ବିଗ୍ରହ ତୋର ଥିଲା ମୁଖଶାଳାରେ
ବିଦୀର୍ଣ୍ଣ ପଳାଶ ଭିତରେ ଥିଲା ତୋର କୀଟ ପ୍ରାରବ୍ଧର,
ତୁ ହସି ହସି କହିପାରିଲୁନି ଯେ
କାନ୍ଦୁଚି ତୋର ଅନ୍ତର ।
କ୍ଷତ ଦେଖାଇ କହିଲୁ ଦେଖ
ଉଇଁଚି ଏଠି ସୂର୍ଯ୍ୟ
ଏଠି ଘଡ଼ିମାରି ଉଠୁଚି ଚାନ୍ଦ ଚଉଠିର
ଲଗଂଳମୂନରେ ଠିରିକା ମାଟି ଏ ମୋର ନୁହେଁ
ମୁଁ ମରିଚୀକା ବାଳିହରିଣର !

ତୋର ସେ ନିର୍ଦ୍ଦୋଷ ଆଖିରେ
କି ମାୟା ଥିଲା ଦେଶ ମୋର
ମୁଁ ଘୋଡ଼ାଇଦେଲି ସେ କ୍ଷତକୁ
କହିଲି ଥା', ଥା' ସେମିତି କ୍ଷତ ମୋର
ରାତି ପଛେ ନପାହୁ ମୋର
କାମନାର ।

୭୭

ଦେଶ ମୋର ମୁଁ ଥକିଗଲିଣି ଚାଲିଚାଲି
ହାରି ହାରି ବାଲି ହେଲିଣି
ବାଲି
ମୋତେ ଆଉ କି ସତ କହିବୁ ଦେଶ ମୋର
ମୁଁ ତ ବାନ୍ଧି ସାରିଚି ନୀଡ଼
ମିଛର ଗଛଶାଖାରେ
କହିସାରିଚି ପ୍ରମତ୍ତ ଝଡ଼କୁ ଯା' ଆସିବୁ
ତା'ର ଦେହ ଫୁଟିଲେ କିଆବଣରେ।

ଏତେ କାହିଁକି ଅଭିମାନ ହେଲା ଜାଣିଚୁ ଦେଶ ?
ମୋର ଅଭିମାନରେ
ଥିଲା
ତୋର ସ୍ୱପ୍ନ
ତାକୁ ଗଢ଼ିନଥିଲା କେହି, କାହାରି ହାତରେ
ସେଇ ଦେଇପାରିନଥାନ୍ତା ତା'ର ଅଭ୍ରଧୂଳିରୁ ଟିପେ
ଦେଇପାରିନଥାନ୍ତା ଲଂଘିସାରିଥିବା

ଅସଂଖ୍ୟ ଶୃଂଗଙ୍କୁ
ଧାରେ ହସ
ଯେତେ ଚାହିଁଲେ ବି !
ତୋର ମିଛବସନ୍ତର ଆଉ
କି କି ରହସ୍ୟ ଅଛି ଦେଶ ମୋର
କେତେ ବାଟ ଆଉ ଚାଲିବି ତା'ର ପଛେପଛେ,
ସବୁ ତ ଲାଗୁଚି ଦେଖିଲା ଭଳି
ସବୁ ସ୍ୱପ୍ନରୁ ବାହାରି ସାରିଚି ନିର୍ମୋକ ମୋର
ବଳିଦାନର,
ଆଉ ଘଡ଼ିଏର ସୀମାନ୍ତରେ ଆମର
ଦେଖାନହୁଏ ଯଦି
ଭାବିବୁ ନାହିଁ ଯେ କାମ ସରିଲା ଏଇଠି ।
ଆମ ଆଗରୁ ଯିଏ ଯେତେ ଗଲେ
ସେମାନେ କେହି କହିନଥିଲେ କାହିଁକି,
କାହିଁକି କହିନଥିଲେ ଯେ
ଦିନରାତି ସମାନ ଏ ଧ୍ୱଂସବୀଥିରେ !

୭୮

ଅଭ୍ୟାସରେ ପଡ଼ିଗଲାଣି ସବୁ
ନିରବରେ ସରିଯିବାର ।
ଶିପ ବି ଫୁଟାଇ ଜାଣିଲାଣି ମୋତି ପଡ଼ିପଡ଼ି
ଘନଘୋର ରାତିରୁ
ଫେରିଲେଣି ବର୍ଷାପବନ
ଦିନ ପରେ ଦିନ
ମୁଠାଏ କଂଚାପାଚିଲା ପତ୍ର ନେଇ ହାତରେ
ଅଭ୍ୟାସରେ ପଡ଼ିଗଲାଣି ଜୀବନ ।

ଲୁଗା ଖୋଲି ଥୋଇବା ପଥରରେ
ଆଖିବୁଜି ପଶିଯିବା ପାଣିରେ
ବାଉଁଶବଣରେ ଛାଇ ଖୋଜୁଖୋଜୁ
ପଡ଼ିଯିବା ଭୂତ ହାବୁଡ଼ରେ,-
ଏସବୁ ଆଉ
ନୂଆ ଲାଗୁନି
ନୂଆ ଲାଗୁନି ଡାଳ ଭାଂଗିବା ବେଳେ

ଡଙ୍କ ବାଜିବା ବିଛାର
ଜହ୍ନରାତିର ସାପ ସର୍‌ସର୍ ହୋଇ
ଗଲାବେଳେ ଶୁଖିଲା ପତ୍ର ଭିତରେ
ଭୟ ବି ଲାଗୁନି ବଣଟାରେ।
ଭୟ ଲାଗୁଚି ଝାଳ ସରସର ଦେହରେ ଉଠି
କୋଳକରି ଧରିବା ସେ ସ୍ୱପ୍ନକୁ, ଯାହାର
କପାଳରେ ଲାଗିଚି କଳଙ୍କ ଗତରାତିର
ଯିଏ ଛିଡ଼ିଗଲା ପରେ ବି ଉଠୁଚି
ଚୈତ୍ରର ଚିରାଳ ହୋଇ
ସାରା ସକାଳ ଯାହାର ବିଷ ପିଇ
ପଡ଼ିଆସୁଚି ନୀଳ,
ନୂଆ ଲାଗୁଚି ମାଟିକାଦୁଅରୁ
ହାତରେ ଗଢ଼ି ବାହାର କରିବା
ସାଗର ଶୈଳ
କିଛି ନଥିବାର ଏ ମରୁଭୂମିରେ।

ଦେଶ ମୋର ମୁଁ କେତେଦିନ ଆଉ ରହିବି ତୋର
ଅଭିଶାପରେ ?
କେତେଦିନଯାଏଁ ଏମିତି ଚାଲିଥିବ
ଲେଖିଦେଇ ପୁଣି ଲିଭାଇ ଦେବାର
ଖେଳ ବିଜୁଳିର
ମେଘାସନରେ ?

୭୯

କ'ଣ କ'ଣ ଦେଖିଲୁ ଦେଶ ମୋର
       କିଏ କିଏ ଥିଲେ
    ସେ ସାଗରମନ୍ଥନରେ-
           କିଏ ମେରୁ
           କିଏ ରଜ୍ଜୁ
ବିଷ କାହା ଭାଗରେ, ଅମୃତ କାହାଭାଗରେ ?

ସେଠି ଥିଲେ କେହି ଦେବତା ?
       ଥିଲା ଜଳଭାରର ଅର୍ଘ୍ୟ ମେଘରେ ?
ନା ଥିଲେ କେବଳ ଅସୁର ?
       ମରିଭାସୁଥିବା ଜଳହସ୍ତୀର ଶୁଣ୍ଢରେ
       ଥିଲା କଟୀ ବାମାର ?
       କଳସରେ ଥିଲା ଟୋପାଏ ସନ୍ଦେହ
ଆମର ସାରା ଜୀବନର ସଂଚୟ ?
       ନା କିଛି ନଥିଲା
ଘନତମସାରେ ଥିଲା କେବଳ ହଳାହଳ ?

ଭୟ ଥିଲା
ଭ୍ରାନ୍ତି ଥିଲା
ଥିଲା ବିଦେହର ଜୟଘୋଷ
ନିରନ୍ଧ୍ର କୋଳାହଳରେ ?

ସେଠି ତୋର ସାକ୍ଷୀ ହେବାର ଥିଲା
ଇତିହାସକୁ ଦେବାର ଥିଲା
ମାଟିମୁଠାଏ
ଶାଳପତ୍ରର ଠୋଲାରେ ମୁନ୍ଦେ ପାଣି,
ମନେରଖିବା ପାଇଁ
ମାଳ ସମ୍ବତ୍ସରର
କଂକାଳର ଗଳାରେ ।

ସେଠି ତୋର ଛୁଇଁବାର ନଥିଲା
ଅମୃତ ହେଉ ବା ବିଷ
ଜାଣିବାର ନଥିଲା କିଏ ଅସୁର କିଏ ଦେବତା;
ଆଖିବୁଜି ସାକ୍ଷୀ ହେବାର ଥିଲା ସତ୍ୟର
ଅନ୍ଧାରରେ ଖୋଜିବାର ଥିଲା
ଉତ୍ସ ନଈର,
ନିର୍ଜନ କାନ୍ତାର ଦେଇ ବୋହିଯିବାର
ଗୋଟେ ପ୍ରତିଶ୍ରୁତି ଛଡ଼ା ଆଉ କ'ଣ ତୋତେ
ଦେଇପାରିଥାନ୍ତା ସଂସାର ?

କ'ଣ କ'ଣ ଦେଖିଲୁ ଦେଶ ମୋର ?
ମୋତେ ଦେଖିଲୁ ସେଠି ?
ଦେଖିଲୁ କୂଅରେ ପଡ଼ି କେବେଠୁ ଛଟପଟ
ଆକାଶର ବିମ୍ବକୁ ମୋର ?

୮୦

କାହାରି କିଛି ଦୋଷ ନାହିଁ
ଯଦି
ସାରା ଦୁନିଆ ଉଜୁଡ଼ିଯାଇଚି ଝଡ଼ରେ
ଯଦି
ରହିଚି ତଥାପି ହଂସ ଲହୁର
ଜଳାର୍ଣ୍ଣବରେ ସନ୍ତକ ହୋଇ ପୃଥିବୀର ।

ନିରବତାରେ ଶିଣିଚୁ ସେ ଶୁଭ୍ର କଳରବ ଜୀବନର
ଶୁଣିଚୁ ଦେଶ ମୋର ?
କୋଉଠି କିଛି ନାହିଁ
ମରିଶୋଇଚି ଯିଏ ଯୋଉଠି
ସ୍ତମ୍ଭଭଳି ଠିଆହୋଇଚି
ମେରୁ ଉପରେ ମହାକାଳ
ନିଶ୍ଚଳ ।
ଛାଇ ବୁଲୁଚି ଦୀପହାତରେ
ଅନ୍ଧାର ମାଡ଼ି ଆସୁଚି

ଭରି ଆସୁଚି ସକାଳ
ପ୍ରତି ବୀଜରେ ।
ଦିନର ନିଆଁ ଉଠୁଚି
ଦିଶୁଚି ଦୂରରେ ଲିଭିଯାଉଥିବା ତୋଟାମାଳରୁ
ଶେଷ ଆକାର
ଅବସାନର ।
ସେଇ ନିଆଁରୁ ପୋଡ଼ି ବାହାରୁଚି
ଚିହ୍ନ ଧ୍ୱଂସର ।

ଦୋଷ କାହାର ଯଦି ଶେଷ ନଥାଏ ଜୀବନର ?
ଦୋଷ କାହାର ଯଦି ବଳନଥାଏ ଧ୍ୱଂସର
ଲିଭାଇବା ପାଇଁ ଡହକୁଥିବା କଳରବର ଅଙ୍ଗାର ?

୮୧

ଯୋଉ ବାଟରେ ଗଲି
            ସେ ବାଟରେ ତୋର ଦେହ ପଡ଼ିଚି
            ଦେଶ ମୋର
ଟିକିଏ ଆଗରୁ ଆସିଥିଲା ଯୋଉ ଝଡ଼
            ସେଥିରେ ଭାଂଗିପଡ଼ିଚି
            ଘର, ମନ୍ଦିର ।
କୃଷ୍ଣସାରର ଯୋଡ଼ାଏ କଳାଡୋଳା ଅଛି
            ସେ ଧ୍ୱସ୍ତକାନନରେ
ପୂଜା ପାଇନଥିବା ପଥରର ଦେବୀଟିଏ ବି ଅଛି
            ଜୀର୍ଣ୍ଣ ପଣତକାନିରେ;
ସବୁଠି ଅଛି କିଛିନା କିଛି ଅହଂକାର
            ଯୌବନର ।

ସେଠି ସେ ପାହାଡ଼ ଠିଆହୋଇଚି ସେମିତି
            ମୁଣ୍ଡଉପରେ କଚାଡ଼ି ପଡୁଚି ବଜ୍ର
ରାତିର ଗର୍ଭରୁ ବାହାରି ବୋହିଚାଲିଚି ନଦୀର

ନିରବ ମନ୍ୱନ୍ତର
ତାକୁ ପିଇପାରିନି ଇତିହାସର ପଥର ।
ନାଭିରେ ତୋର କମଳ
ଶୀତଳ ସଂତାପରେ ଓଦା ତୋର ବକ୍ଷସ୍ଥଳ
ଦେଶ ମୋର
ଭାବିଥିଲି ରହିଯିବି ବାଟରେ,
ପାଦ ମୋର ପଡ଼ିଗଲା
କଅଁଳି ଉଠୁଥିବା ନୂଆଘାସର ଶିହରଣରେ ।
ମୁଁ ଭୁଲିଗଲି ଯେ ଅଲଂଘ୍ୟ ଦେହ ତୋର
ମାଟି ହୋଇସାରିଚି ଏ ଭିତରେ,
ସେଇ ମାଟିରୁ ଗଢ଼ିବା ପାଇଁ କୁମ୍ଭଟିଏ
ମୁଁ ଆସିଥିଲି ଏଠିକି
ଝଡ଼ମୁହଁରେ ଥୋଇଦେଇଥିଲି ପ୍ରଦୀପଟିଏ
ରାତିର ।

୮୨

ଜିଣିବାର ନିଶା ନଥିଲା ମୋର
    ହାରିବାର ଗୋପନ ଅଭୀପ୍ସା ଥିଲା
        ସବୁ ଅଭିଯାନରେ ।
ଧାର ଥିଲା ଖଣ୍ଡାରେ
    ଚୋଟ ହାଣିବାର ବଳ ବି ଥିଲା ମୁଠାରେ
ହେଲେ ମୁଁ ଚାହୁଁନଥିଲି ମୃଗନାଭି ଅଖଣ୍ଡ ମୃଗୟାରେ ।
    ଏତେ ପରାଗ ଥିଲା ତୋର ଧୂଳିରେ ଯେ
ମୁଁ ଅନ୍ଧ ହୋଇଯାଇଥିଲି ତା'ର ସୁଗନ୍ଧରେ,
    ମୁଁ ଜାଣି ନଥିଲି ଦେହରେ
ଏବେ ବନଗିରି, ଏତେ ଆକାଶପ୍ରାନ୍ତର
    ଆଖି ମୋର ଭରିଯାଇଥିଲା
    ବିପନ୍ନ ବିସ୍ମୟରେ ।

ମୁଁ ଚାହୁଁନଥିଲି ବିଜୟ,
    ତୋର ଶୂନ୍ୟ ଜନପଦରେ
ଥିଲା କ'ଣ ଦେଶ ମୋର

ଯାହାକୁ କାଟିପାରନ୍ତା କରବାଳ
ଯାହାକୁ ଘେନିପାରନ୍ତା ମୋର କପାଳ
ରକ୍ତଚିତାରେ ?

ମୋର ସିଂହାସନ ପଡ଼ିସାରିଥିଲା ପଶ୍ଚିମରେ,
ମୋର ପାଦତଳେ ମେଘ ମାଳମାଳ ଶୋଇଥିଲେ,
ସପ୍ତର୍ଷିମଣ୍ଡଳ ଉଇଁଥିଲା
ସ୍ଥିର ଆକାଶରେ ।

ନିର୍ଜନ ସେ ଯୁଦ୍ଧଭୂମିରେ
ଭୟର ହାତଧରି ଚାଲି ଶିଖିବାରେ ଥିଲା ସୁଖ,
ଜିଣୁ ଜିଣୁ ହାରିଯିବାରେ ଥିଲା କଳା
ଜୀବନକୁ ଆଉ ଘଡ଼ିଏ ରୋକି ରଖିବାର ।

୮୩

କେହି କେବେ ଖାଲିହାତରେ ଯାଇନି
    ତୋର ସମୁଦ୍ରକୂଳକୁ
ତୋର ଝାଉଁବଣରେ ବି କାହାରି
    ପାଦ ପଡ଼ିନି ଖାଲିପେଟରେ।
    କେହି ଦେଖିନାହାନ୍ତି ବାତୁଳ ପବନକୁ
ଲୁହ ପୋଛିଲାବେଳେ ଶାଳଭଂଜିକା ଆଖିରୁ,
    କେହି ଦେଖିନାହାନ୍ତି ଭଉଁରିରେ
ବୁଡ଼ିଗଲାବେଳେ ଯୋଡ଼ାଏ ହାତ,
    ବିସ୍ମରଣର କୁହୁଡ଼ି ଘେରିଚି
ଯେତେବେଳେ,
    କେହି ଜାଣିନାହାନ୍ତି ବରାଭୟର
ତାରା ବୁଡ଼ିଗଲା କେତେବେଳେ।

    ଶଂଖ ଗୁଡ଼କଙ୍କରେ
    ଖେଳୁଚି ଦେଶ ମୋର
ଗଳା ଭରିଦେଇଚୁ ଶିପଶାମୁକାର ମାଳରେ,

କହୁଚୁ ମୋର ମାଟିରୁ ନିଅ ସୁଗନ୍ଧ ବର୍ଷାର
ନିଅ ଅସ୍ତରାଗର ଫଳ
ମୋର କାମନାରୁ ।
କିଏ ନେବ ?
ଯାହା ହାତରେ ପଡ଼ିଚି ତୋର କେଶ ମୁଠାଏ
ଯିଏ ତତେ ଅସାଡ଼ କରି ଖୋଜୁଚି ତୋର
ଅପରାଜିତାର ଅଂଗବାସରୁ ରକ୍ତଟୋପାଏ
ସିଏ କ'ଣ ନେଇପାରିବ ତତେ ?

ବୟସ ବଢ଼ିଚି ତୋର ସମୁଦ୍ରର
ସମୁଦ୍ରକୂଳରେ କଳାପଡ଼ିଆସିବ ପକ୍ଷ୍ମ ସାରସର
ତୁ ମୁଠାଏ ବାଲି ହୋଇ ଝରିପଡ଼ିବୁ
ଭାଂଗି ପଡୁଥିବା ଦେଉଳ କାନ୍ଥରୁ,
ତତେ ଗୋଟାଏ ନେବା ପାଇଁ ନଇଁ ଆସିଥିବା
ହାତ ମୃଗଶିରାର
ପାପକୁ ଆଉ ଗୋଟାଏ ନାଁ ଦେବ ପ୍ରେମର ।

୮୪

ମୋର ସେ ଖୋଜିବାର ଶେଷ ନଥିଲା
ଯେତେ ଚାଲିଲେ ବି
ଥକୁ ନଥିଲା ପାଦ
ଯେତେଥର ମୁଁ ଡାକୁଥିଲି ଆ'ରେ ମୋର ଧନ
ସେତେଥର ଉଠୁଥିଲା ସ୍ୱନ
ଶଂଖରୁ,
ସେତେଥର ଗଛର ମଲାଚେରରେ ପୁଲକି ଉଠୁଥିଲା ଜୀବନ
ଯେତେ ଚାଲିଲେ ବି ସରୁନଥିଲା ବାଟ।

ଖୋଜିଲେ କ'ଣ ମିଳେ ?
ଖାଲି ଖୋଜୁଥିଲେ କ'ଣ ମିଳେ କି ବାଲିରେ
ପୋତିହୋଇଥିବା ନେତ ?-
ସେଥିପାଇଁ ବାଲି ହେବାକୁ ପଡ଼େ ବାଲିରେ
ଗୋଟି ଗୋଟି ଗଣିବାକୁ ପଡ଼େ
ରେଣୁ ବିୟୋଗର
ସମର୍ଥ ସଂସାରକୁ ଲୋଟାଇ ଦେବାକୁ ହୁଏ ପାଦତଳେ।

ଦେଶ ମୋର ମୁଁ ଖାଲି ଖୋଜିଚାଲିଚି
କିଛି କରିନି ଖୋଜିବା ଛଡ଼ା
ଆଖିବୁଜି ଠିଆହେଲାବେଳେ ଭେଟିଚି ମନ୍ଦର ପାହାଡ଼କୁ
ଗାଲ ଦେଇ ବୋହିଯାଇଚି ମନ୍ଦାକିନୀ
ବିଦେହର ଛାଇକୁ ନେଇଚି କୋଳଧରି,
ଦୁର୍ଗମ ଦିନରାତିର ଦର୍ପରୁ ଉଠିଚି
ନିଷିଦ୍ଧ ପରାଂଗଭୋଜୀର ଲଟା ହୋଇ
ଚୋରାବସନ୍ତରୁ ରକ୍ତରାଗ ଆଣିଚି ଚୋରାଇ।

ମୁଁ ତତେ ଖୋଜୁଚି ଦେଶ ମୋର
ନ ପାଇଲାଯାଏଁ ଖାଲି ରହିବ ଘର।

୮୫

କେତେ କ'ଣ ଲେଖାହୋଇଥିଲା
ସେ ଗୁମ୍ଫାକାନ୍ଥରେ-
କେତେ ସହସ୍ର ହାତୀ ଥିଲେ ହସ୍ତିନାରେ
କାହାର ପୁଅ ଶତବାହନ
ମୟୂରାକ୍ଷୀର ଜଳାଶୟରେ
ଖର୍ଚ୍ଚହେଲା କେତେ ଅର୍ବୁଦ
କୋଳାହଳରୁ ବାହାରିଲା
କି ଅପୂର୍ବ ନିରବତାର ତୋରଣ।

ହେଲେ ଲେଖାନଥିଲା କାହିଁକି ଏତେସବୁ
ଘଟିଗଲା
ଅକାରଣରେ
ପୋକ ପଡ଼ିଗଲେ ପୟସ୍ୱିନୀରେ
ଉପୁଡ଼ିଗଲା କଳ୍ପଲତା
ରକ୍ତ ଦେଖି ଶୀତେଇଗଲା ଦେହ ଘୃଣାରେ।

କାହିଁକି ଘଟିଲା ଏସବୁ
ଦେଶ ମୋର-
ତୋର ଗର୍ଭରେ କ'ଣ କମ୍ ଥିଲା ସୁକୃତ ଯନ୍ତ୍ରଣାର
କମ୍ ଥିଲା ଧାତୁ ପାଷାଣରେ ?
ସବୁ ତ ଥିଲା !
ଉଡ଼ି ଉଡ଼ି ଆସିଥିଲା କେତେଦୂରରୁ ଆତ୍ମା ତୋର
କେତେ ଗହୀରରୁ ପାଣି ଟୋପାଏ ଶୋଷିବା ପାଇଁ
ଲମ୍ୱିଯାଇଥିଲା ଚେର ରକ୍ତର
କେତେକେତେ ବେଳ ଠିଆହୋଇଥିଲା
ସାକ୍ଷୀ ତୋର ଇତିହାସର
ଗର୍ଭବାହାରେ
ଅବିଚଳ ।

ତଥାପି କାହିଁକି ଘଟିଲା ଏସବୁ
ଘଟିଗଲା,
ତୋର ଆଖିରେ ଟୋପାଏ ପାଣି ନଥିଲା
ଲଜ୍ଜା ନଥିଲା ମୁହଁରେ ।

ଦେହ ସାରା ଘା'
ସୋର ସୋରି ଚିରାଲୁଗା ଶାଖାରେ
ଏଇ ବେଶରେ ତୁ ମନମୋହିବୁ ପୃଥିବୀର ?
ହଂସରାଳିକୁ ହିସାବ ଦେବୁ
ଊର୍ମିମାଳାର ?

୮୬

ମୁଁ ଯେଉଁଦିନ ଫେରିଥିଲି
ତୋର ଦୁଆର ମୁହଁରୁ
ଖାଲିହାତରେ
ମନେଅଛି ?

ମନେଅଛି ସେଦିନ
ଖୋଲାଥିଲା ସବୁ ପାପର ମଧୁବନ
ତୁ ବସିଥିଲୁ ଅଭିସାରିକାର ବେଶରେ
କାଳ ଆସିବ ବୋଲି ବୈଶାଖର ଚିତ୍ରରଥରେ ?
ତୁ ମତେ ଡାକିପାରିନଥିଲୁ,
ତୋର ଝଂଜାବାତରେ
ଥିଲା ଅଖଣ୍ଡ ପ୍ରଦୀପକୁ
ଲିଭାଇ ଦେବାର ଆକ୍ରୋଶ
ତୋର ବିବସନାରେ ଅନ୍ତଃପୁରରେ
ଥିଲା ଆତ୍ମଘାତୀ ସାହସ
ଉଲଗ୍ନ ଅଭିଳାଷର ।

ମୁଁ ସେଦିନ ଆସିଥିଲି ଦେଶ ମୋର
ମୁନ୍ଦାଏ ପାଣି ପାଇଁ

ଯାଯାବର ପାଦରେ ମୋର ଲାଗିଥିଲା
ଅନନ୍ତ ମରୁଭୂମିର ଶୋଷ,
ମୁଁ କୁହୁଳୁଥିଲି ଶୋଷରେ, ମୋର
ଆଖି ଲାଖିଥିଲା ତୋର ନିଷ୍ପ୍ରାଣ ଫୁଲଫଳରେ।

ମୁଁ ଲଦି ହୋଇଥିଲି କୁହୁତାନରେ
ହେଲେ ମୋର ସ୍ୱର ନଥିଲା
ମୁଁ କହିପାରୁନଥିଲି
ହେ ମୋର କଳଙ୍କିତ ଦେଶ
ତୋର ବାସର ଶେଯରେ
ଅଭିଶାପ ବଢୁଚି
ପାପର ଭ୍ରୂଣ ହୋଇ
ଦିନେ କେବେ ପଡ଼ିବ ମଡ଼କ ତୋର ମଧୁବନରେ
ଦେହରେ ଫୁଟିବ ତୋର ଅଭିଶାପ
ବ୍ୟାଧିର,
ପିଂଗଳ ଦିଶିବ ଆକାଶ, ଜହ୍ନରୁ
ଫିଟିପଡ଼ିବ ରୁଧିର।
ସେତିକିବେଳେ ଖୋଜିବୁ ମୋତେ
ଶୂନ୍ୟଘରେ
ଅଥୟ ହାହାକାରଟିଏ ପିନ୍ଧାଇଦେବ
ଗଳାରେ ତୋର ବନମାଳ,
ସେଇ ବନମାଳରେ ଜୀବନ ମୋର
ଜିଅନ୍ତା ଚରାଚର,
ତୋର ରୋଶଣିରେ ଯେତକ ଅନ୍ଧାର
ସେତକ ମୋର
ମୁଁ କ'ଣ ଜାଣିନଥିଲି ଫେରିଲାବେଳେ
ଯେ
ଆଉ କେବେ ଦେଖାହେବନି ଆମର ?

ଚିରକାଳର ଅନ୍ଧାରରୁ ମୁଁ
ଫେରୁଥିବି ବାରମ୍ବାର
ସବୁ ଘରରୁ କବାଟ ପିଟି ସବୁଥର ପଚାରୁଥିବି
ଅଛି କି ଏଠି ଦେଶ ମୋର !

୮୭

ଦେଶ ମୋର ତୁ ମୋତେ ଦେଇଚୁ କ'ଣ ?
ବିଷ ଦେଇଚୁ ବିଶ୍ୱାସରେ
ଦେଇଚୁ
ବନ୍ଧ୍ୟା ମାଟିର ଋଣ ।
ଯୁଗଯୁଗ ଧରି ମୁଁ ବସିଚି ସେଇ ଗୋଟିଏ ତପସ୍ୟାରେ
ବଉଳି ଉଠିଚି ଆମ୍ବଗଛ
ପୋଡ଼ିଯାଇଚି କୁହୁଡ଼ିରେ
ଚଡ଼କ ପଡ଼ି ଚଉଚିର ହୋଇ ଫାଟିଯାଇଚି ଦେହ
ଶିଉଳି ଲାଗିଚି କାମନାରେ,
ମୁଁ ତଥାପି ଉଠିନି
ଭାବିଚି ଏଥର ଶେଷଥର, ୟାପରେ ଆଉ
ନଷ୍ଟ ହେବନି ଦେଶ ମୋର
ନୀଡ଼ଟିଏ ରହିବ ପତ୍ରଗହଳରେ ନିଜର ହୋଇ
ବାଧିବ ନାହିଁ ଝଡ଼ର ତାଳି
କାଟିବ ନାହିଁ ବିଜୁଳି ।

ସତକୁ ସତ ସୁନ୍ଦର ହୋଇଯିବ ଦେଶ ମୋର
ଅସହାୟ ଶାବକ ପାଟିରେ
ଦେବ ଦାନାଏ ଆଧାର
କପାଳରେ ତା'ର ଜଳିଉଠିବ ଦାଉଦାଉ ହୋଇ
ବଡ଼ ଟୋପାଏ ସିନ୍ଦୂର।

ତୁ ମୋତେ ସତରେ ଦେଲୁ କ'ଣ ଦେଶ ମୋର ?
ମାଗିଲୁ ମୋ' ପାଇଁ
ଆଉ କେତେଟା ଶବ୍ଦ କ୍ଷମାର
ଆଉଥରେ ଗଡ଼ିଗଲୁ ସେ ଅପରାଧର କଳଙ୍କରେ
ଉପାସ ପେଟରେ ଥିଲା ଆହୁରି ହଳାହଳ।
ଈଶ୍ୱରଙ୍କୁ ସାକ୍ଷୀ ରଖି ତୋର ଏ ପ୍ରତାରଣାର ଖେଳ
ତୁ ଭୁଲିଗଲୁ
ଯେମିତି କିଛି ହୋଇନି-

ଫେରିଲାବେଳକୁ ଜାଣିଯାଇଥିଲୁ ପଡ଼ିସାରିଥିବ ଅକାଳ
ମରି ସାରିଥିବ ସାଇତି ରଖିଥିବା ଗୋଟିଏ ବୋଲି ଦିନ।

ସେଇ ଗୋଟିଏ ଦିନ ମୁଁ
ମୁଁ ମରିନି ଦେଶ ମୋର
ଅକାଳ ମୋତେ ମାରିପାରିନି-
ଜଳିଯାଇଚି ମୋର ବିଲ ବନ
ବଂଜର ହୋଇଯାଇଚି ମାଟି ପ୍ରାର୍ଥନାର
ବୁଢ଼ା ହୋଇ ନଇଁପଡ଼ିଚି ଅଶୋକ
ଅଭ୍ୟାସର ତରବାରି ଉପରେ।

ତଥାପି
ବଂଚିଚି ତୋର ଭୟଙ୍କର ରକ୍ତକୋଷରେ
ଜୀବାଣୁ ମୁଁ
ମହାମାରୀର।

୮୮

ମୁଁ ଆଉ ଭୟ କରୁନି ସ୍ୱପ୍ନକୁ
ମୋତେ ଭଲଲାଗି ଆସୁଚି
ତା'ର ଘନଘୋର ଅନ୍ଧାର।
ମୁହଁକୁ ମୁହଁ ଦିଶୁନି ସେ ଅନ୍ଧାରରେ
ଖାଲି ଲାଗୁଚି ଯେମିତି
ଘଡ଼ିକ ତଳେ ଯାଇଥିଲା କେହି ଏ ବାଟେ
ଦେହ ତା'ର ମହକୁଥିଲା ଚୁଆଚନ୍ଦନର ବାସ୍ନାରେ।

ତୁ କ'ଣ ଜାଣିନୁ ମୋର ସ୍ୱପ୍ନକୁ ଦେଶ ମୋର
ଜାଣିନୁ କେତେ ଅସାର ତା'ର ଦାବୀ
ତୋର ଗଛବୃଛ ଜୀବଜନ୍ତୁ ଉପରେ ?
ତୁ କ'ଣ ଜାଣିନୁ ତା'ର ନିଦ ଭାଂଗିଲେ
ସେ ଖୋଜିବ ତା'ର ଅଧିକାରକୁ
ପଚାରିବ କହ କୋଉଠି ରଖିଚୁ ମୋର ସଂସାରକୁ
କୋଉ ସୁଗନ୍ଧରେ।

ସେ ସଂସାର ଗଲାଣି କେବେଠୁ
ମରିହଜି ଗଲେଣି କେତେ କିଏ
ପର୍ବତ ହେଲାଣି ସାଗର
ମାଟି ହେଲାଣି ବାଲୁଚର
ତୋର ଧୂସର ଆଖିରେ ବି ମାଡ଼ି ଆସିଲାଣି ପରଳ।

ସ୍ୱପ୍ନଟିଏ ଅଛି ବୋଧେ
ନ ହେଲେ କାହିଁକି ମଲ୍ଲି ଫୁଟନ୍ତା ସନ୍ଧ୍ୟା ହେଲେ
କାହିଁକି ଦିଶନ୍ତା
ସୂର୍ଯ୍ୟୋଦୟର ରକ୍ତପାତ ଏଡ଼େ ସୁନ୍ଦର ତୋର ଦିଗନ୍ତରେ !

ସେଇଟିକି ସ୍ୱପ୍ନ କ'ଣ ଆମର ନୁହେଁ ଦେଶ ମୋର ?
ଏକାଠି ଦେଖିନେ କେବେ ତାକୁ
ହେଲେ ତା'ର ଭଉଁରିରେ ଅଛି ଏମିତି ଯାଦୁ
ଯିଏ କହିଦେବ ଯେ
ତୁ କେବଳ ମୋର ହୋଇ ଆସିଥିଲୁ,
ମୋର ହରାଇବାର ଦୁଃଖ ଥିଲା ସବୁଠୁ ପୁରୁଣା
ନୂଆ ନୂଆ କଅଁଳୁଥିବା ପରୀମାନଙ୍କ ଡେଣାରେ।

୮୯

ମୁଁ ସେଇ ଗୋଟିଏ କଥା କହିଚାଲିଚି କେବଠୁ
ସେଇ ଗୋଟିଏ କଥା
ଶହେ ପାଟି ଯାହାର
ଶହେ ମଥା
ତୁ କେମିତି ଆସିଲୁ ଲଂଘି ଦୁସ୍ତର ପାରାବାର
କୋଳକୁ ମୋର
ଦେଶ ମୋର
କେମିତି ଦେହରୁ ପୋଛିଦେଲୁ ଏତେ କାଳି
ଛଡ଼ାଇଦେଲୁ ଶିଉଳି ଛାତିରୁ,
ମୁଣ୍ଡ ନୁଆଇଁ ଠିଆହେଲୁ
ମାଟିପଥରର ଦେବତା ଆଗରେ
ଆରଜନ୍ମଯାଏଁ ଗାରକାଟିଲୁ ନଖରେ !
କୁଆଡ଼େ ଗଲା ତୋର ଅନ୍ଧ ହୋଇ ଧାଇଁବା
ପବନ ପଛରେ
ହାତ ମେଲା ବାଳ ମୁକୁଳା
ପଡ଼ିଉଠି

ପ୍ରାଣବିକଳରେ ?
ନିଜକୁ ଲୁଚାଇବାର ଏତେ ଛଳ ଏତେ ଚାତୁରୀରେ
କୋଉଠୁ ଆସିଲା କର୍ପୁରମାଳି, ବଉଳପାଟ
ଅଳତାପାଟି, ଅଲିଭା ଦୀପ ?

ସ୍ଥିରହୋଇ ବସିଚୁ
ଲୁହ ବୋହିଯାଉଚି ଆଖିରୁ
ବାୟାଚଢ଼େଇର ନୀଡ଼ଟି ବି ଗଢ଼ାସରିଲାଣି ଏ ଭିତରେ !
ଖଣ୍ଡିଉଡ଼ା ଦେଇ ଘେରିଗଲେଣି ଶାବକମାନେ
ପୃଥିବୀ ଦିଶିଲାଣି ଆଗଠୁ ବେଶି ସୁନ୍ଦର,
କବାଟ ବାଡ଼େଇ ଡାକୁଚି ଅଧୀର ଧରାତଳ-
ଶୋଇପଡ଼ିଲୁ କି ସ୍ୱପ୍ନ ମୋର ନିଦରେ ?

୯୦

ଥାଉ ସେସବୁ ପୁରୁଣା କଥା-
    କିଏ କ'ଣ ନେଲା ତୋ'ଠାରୁ
    କେତେ ଗହୀରକୁ ଗଲା କାହାର ମୂଳ
    କିଏ ଥିଲା ପଥର ଚଟାଣରେ
       କିଏ ଶେଯରେ
       କିଏ ଉଭା, କିଏ ପୋତା
    କାହା ପାଟିରେ କେତେ ବିଷ
      କେତେ ଓସାର କୋଉ ନଈର କୂଳ।
ସବୁ ତ ସେଇ ଗୋଟିଏ କଥା
    ଶହଶହଥର ପୂଜରକ୍ତ ଭରିଚି ଯୋଉ ଗାଡ଼ରେ
    ଶହଶହଥର ବାହାରିଚି ଯୋଉ ପ୍ରଲୋଭନର ଅନ୍ଧାରରୁ
      ଆହତ ସୀମାରେଖା ସତ୍ୟର।
    ଶହଶହଥର ଲୁଂଠନ ପାଇଁ ମୁଣ୍ଡଟେକି
      ଠିଆହୋଇଚି ଯେଉଁ ମନ୍ଦିର
    ସିଏ ସେଇ ଗୋଟିଏ କଥାର ଅର୍ଥାନ୍ତର
      କେତେ ପୁରୁଣାର ଜନ୍ମଜନ୍ମାନ୍ତର

ଅନ୍ୱେଷଣ
କେତେ ନୂଆର ଅଭିସାର ।

ସେସବୁ ଭିତରେ ଭୁଲିଗଲିଣି ଦେଶ ମୋର
ତୁ ଯେମିତି ଭୁଲିଯାଇଚୁ–

ରହିଯାଇଚି ଏତେଟିକିଏ ସନ୍ଦେହ ଖାଲି
 ମାଟିପିଣ୍ଡରେ
 ଇତିହାସର ।
ସତରେ କ'ଣ ପ୍ରାଣ ଅଛି ସେ
 ମାଟିପିଣ୍ଡରେ ?
ସତରେ କ'ଣ ସେ ଉପୁଜାଇପାରେ
 ଅନ୍ନଜଳ
ଦୂଷିତ ଗର୍ଭରୁ ତା'ର
 ସତରେ କ'ଣ ବାହାରିପାରେ
 ଓଁକାର ?

୯୧

ଅନିର୍ବାଣ ଶିଖାକୁ ତୋର ଦେଖିଲି ସେଦିନ
ତେଲ ନଥିଲା ଦୀପରେ
ସରିଆସିଥିଲା ସଳିତା
ବର୍ଷୁଥିଲା ପ୍ରଶ୍ନର ତୀର ଘମାଘୋଟ ରାତିର ଅନ୍ଧାରରେ
ବୁଲୁଥିଲା ଝଡ଼ପବନ
ଆତତାୟୀର ବେଶରେ ।
ତୁ ଚାହିଁଲୁ ଦୀପକୁ ଥରେ
ଥରେ ତୋର ଲେଉଟିଥିବା ପ୍ରାର୍ଥନାକୁ
କହିଗଲୁ ଯାବତ ମିଛ ବିନାଦ୍ୱିଧାରେ ।

କହିଲୁ ତୋର ମାଟିରେ ପଡ଼ିନି
ପାଦ କାହାରି
କହିଲୁ ତୋର କପାଳ ଫାଟି
ରକ୍ତ ଝରିବାରେ ଦୋଷ ନାହିଁ କାହାରି
କହିଲୁ ଏଯାଏଁ
ଅଛି ସଂପଦ

ନିଃସ୍ୱ ପାଇଁ
ହୋଇପାରିନି କାହାର ।
ସେଇ ମିଛର ଶୋଣିତରେ ଜଳି ଉଠିଲା ଦୀପ
ସ୍ୱେଦ ପିଇ କାଠହେଲା ମଣିଷ,
ଗୋଟାକଯାକ ଆକାଶ
ଜଳିଉଠିଲା ତୋର ଅମୃତର ଆଲୋକରେ ।

କି ମିଛ ସିଏ ଦେଶ ମୋର ଯିଏ ସତଠୁ ବେଶି ସୁନ୍ଦର
ବାହାରେ ଭୀଷଣ ପ୍ରକୃତିର
ବ୍ୟୂହସଜ୍ଜା
ଭିତରେ ଗୋପନ ଅର୍ଥଟିଏ
ପଥ ଖୋଜିବାର ।

୯୨

ମୁଁ ଏ ଭିତରେ ଭୁଲିଗଲିଣି ଯେ
ଦିନେ କେବେ ମୁଁ
ଚାଲିଥିଲି ତୋର ନର୍କରେ
ହାତବଢ଼ାଇ ଛୁଇଁଥିଲି ଯେତେ ଘଟ ପାପର
ପଚାରିଥିଲି ଏ ଛାଇ କାହାର କାନ୍ଥରେ
ଏ କିଏ ଗଲା ପାହାଡ଼ ତଳର ଗଛମୂଳକୁ
ଛୁରିଧରି ହାତରେ
ଏ କୋଉ ଫୁଲର ଦୁର୍ଗନ୍ଧରେ
ଶଢ଼ିଗଲା ପବନ କାନିତଳର ।

ଏ ତାତି
ଏ ଝାଂଜି
ଏ ମଦ ନିଶାରେ ବେହୋସ ରାତି
ଏ ହାଡ଼ ଭିତରର ଶୀତ
ଏ ରଡ଼ନିଆଁ
ଏ ଧୂଆଁ, କୁହୁଡ଼ି, କାକର

ଏ ଫେରିବନାହିଁ କହିଯାଇଥିବା ଦିନ ଝାଉଁବଣର
ଏ ଘୁଣଲୁଗା ଦେହର
ଟାପୁ, ବିବର
ସମସ୍ତଙ୍କୁ ମୁଁ ଚିହ୍ନିଗଲିଣି ଏ ଭିତରେ,
ସେଥିପାଇଁ ନାହିଁ ମନରେ
କୋଉ ଗୋଟାଏ ବି ଅଭିଳାଷ
ମନେରଖିବାର।
ଦେଶ ମୋର ମୁଁ ଭୁଲିଗଲିଣି ଯେ
ମୁଁ ବି ଆଣିଥିଲି
ଘଡ଼ିଏ ଦି'ଘଡ଼ିର ପାଉଁଶ
ସେଥିରୁ ଆଜି ଠିଆହେଲାଣି ହୁତାଶନ
ତୋର ଯଜ୍ଞବେଦିରେ।

ଯାଉ ଜଳିଯାଉ ଅଶ୍ୱମେଧରେ ଯେତେ ମୋର
ଦିଗ୍‌ବିଜୟର କଳ୍ପନା
ମୁଁ
ପାଉଁଶ ହୋଇ ମିଶିଯାଏଁ
ତୋର ପାଉଁଶରେ।

୯୩

ତୋତେ ପୁଣି ଦେଖୁଚି ନୂଆକରି
ସୀମନ୍ତ
ଅଳକ
କବରୀ
ସବୁ ନୂଆ, ସତେ ଯେମିତି ନୂଆକରି
ଗଢ଼ିଚି କିଏ ଇତିହାସର ତରୀ
ଲଂଘିବା ପାଇଁ ସାଗର
ବୋହିଆଣିଚି ନକ୍ଷତ୍ର ଦ୍ୱୀପରୁ ସଂକେତ
ପୁନର୍ବସୁର
ଦେବାପାଇଁ ଆଉଥରେ ରାତିକୁ
ରକ୍ତଜବା
ସ୍ୱପ୍ନକୁ ପ୍ରହରୀ ।
ଦେଶ ମୋର ତୁ ନୂଆକରି ପିନ୍ଧିଚୁ
ଦେହକୁ ମୋର
ଫିଙ୍ଗିଦେଇଚୁ ଅଥର୍ବତାର ଅଳଙ୍କାର
ଚାଲିଶିଖୁଚୁ ପିଣ୍ଡାଧାରରେ

ସ୍ମୃତିର କ୍ଷତ ଶୁଖୁଚି ଖରାରେ ।
ଦେହ ମୋର ଅବୋଧ ଆକୁଳ
ମୋହିତ ତୋର ଧୂପଚନ୍ଦନରେ
ମାଗିନି କିଛି
ମାଗିବା ପାଇଁ କିଛି ନାହିଁ ତୋର ଦରିଦ୍ର ଆଂଜୁଳାରେ ।
ତା'ର ସମ୍ମୋହନକୁ
ଚିହ୍ନିଥା' ଦେଶ
ଜାଣିଥା' ତା'ର ନିରର୍ଥ ଭଲପାଇବାକୁ ।

ସେତିକି ସତ ଯେତିକି ତୋର ନୂଆ ଦିଶିବା,
ଯେତିକି
ଚନ୍ଦ୍ରାଲୋକରେ ଗଢ଼ିହୋଇଥିବା ସ୍ଫଟିକ
ଟୋପାଏ ଲୁହରେ,
ଆଉସବୁ ମିଛ ।
ବଳ୍କଳର ତଳେ ରହିରହି
ଗଛଗଣ୍ଠିରେ ପିନ୍ଧିଉଠୁଥିବା ଖଣ୍ଡାଚୋଟ ତ
ସବୁଠୁ ବଡ଼ ମିଛ
ପଲ୍ଲବିତ ଆମର ଅଶୋକରେ ।

୯୪

ମୋତେ ମିଳିଯାଇଚି ମୋର ଠିକଣା–
କୋଉ ଗାଁ, କୋଉ ସହର
କୋଉ ଇଲାକା, କୋଉ ପ୍ରଗଣା
ପଚାରନା
ଦେଶ ମୋର ତୋର ଉଲ୍‌କାପିଣ୍ଡରେ
ଯେତେ ଜ୍ୱାଳା
ଯେତେ ତୀବ୍ରଗତି ତା'ର ପତନର
ତାକୁଇ ନେଇ ମୁଁ ଗଢ଼ିଚି ମୋ'ର ନୀଡ଼
ଆୟୁଷର ଭଂଗାଶାଖାରେ ।
ଏଇ ଯୋଉ ଧୂଆଁସୋରାଏ ଉଠୁଚି
ଦୂରର ସୋରିଷବିଲରୁ
ଉଠୁଚି ଅସଂଖ୍ୟ ଝରାପତ୍ରର ପାଦ ନେଇ,
ବର୍ଷାଆଗର ପ୍ରଥମ ଧୂଳି ତୋଫାନରେ
କଟକଟ ଡାକୁଚି ବରଗଛର ବାହୁ,
ପ୍ରଳୟର
ଘନଘନ ନିଶ୍ୱାସରେ ଥରିଯାଉଚି

ଶିଉଳିଫୁଲର ଓଠ
ଏଇଥିରେ ଅଛି ମୋର ପ୍ରତ୍ୟୟ ତୋତେ ପାଇବାର
ଧୂଳିରେ ମିଶି
ଧୂଳିମୁଠାଏରୁ ବି ବନହେବାର
ଗୋଟେ ନିଶାଘାରିଚି ମୋତେ
ନିବିଡ଼ରୁ ନିବିଡ଼ତର ହେଉଚି ମୋର ଆଲିଂଗନ
ଭଂଗୁରତାର
ଗଳାରେ।
ତୋର ଖଣ୍ଡ ଖଣ୍ଡ ହୋଇ କଟାହେବା ମୁଁ ଦେଖିଚି
ଦେଖିଚି ତୋର ଝୁର୍ ଝୁର୍ ହୋଇ ଝରିପଡ଼ିବା ଘୁଣ ହୋଇ
କାଠରୁ,
ଲୁହ ଦେଖିଚି, ଲହୁ ଦେଖିଚି
ଦେଖିଚି ସରଯୂ ବୋହିଯିବା ପାଟଳ ସୂର୍ଯ୍ୟାସ୍ତରୁ।

ହେଲେ ଏତେ ଆସ୍ଥା କେବେ ନଥିଲା
ତୋର ଅପଚୟରେ
ସେଥିପାଇଁ ମୁଁ ବସିଚି ଏଠି ଧୂଳିଧୂଆଁରେ
ଧୂସର ହୋଇ
ଅପେକ୍ଷାରେ:
କେବେ ଆସିବ ବସନ୍ତ ମୋର ଦେଶରେ ?

୯୫

ଦେଶ ତତେ ନେଇ ମୁଁ କରିବି କ'ଣ ?
ଏଡ଼େ ବଡ଼ ଭାର ମୁଣ୍ଡରେ
ବାଟ ଆଡ଼େଇ ଚାଲିବା ପାଇଁ ବଳ ନାହିଁ ହାତରେ
ଗୋଡ଼ ଥରୁଚି ଭୟରେ,
ଏଣେ ଆଖିର କୋଉ କୋଣରୁ କେଜାଣି
ମେଘ ଘୋଟିଆସୁଚି
ଅବେଳରେ ।
ତୁ ଜଡ଼ିଯାଇଚୁ ମୋ' ଦେହରେ
ବାରମ୍ବାର ବେକରେ ହାତଗୁଡ଼ାଇ ପଚାରୁଚୁ:
ଘରେ ପହଂଚିବା କେତେବେଳେ ?

ଭାବିଚି ବେଳେବେଳେ କହିବି ତତେ-
ତୋଅରି ପାଇଁ ତ ଏତେ ଯାତନା
ଏତେ ଅନିଭୋଗ, ଛେପ ଥୁ ଥୁ, ଏତେ କାନ୍ଦଣା ।
କୋଉଠୁ ଆଣିବି
ଗାଡ଼ିମଟର ତୋ ପାଇଁ

ସିଧା ସଳଖ ରାସ୍ତା ବି କୋଉଠୁ ଆସିବ
ଏ ଅପନ୍ତରାରେ ?

କହିପାରିନି
ତତେ କୋଳରେ ଧରି
ଅଭିଯୋଗ କରିନି
ଥକିଗଲିଣି କହି ବସିଯାଇନି।
ଯେତେଥର ଭାବିଚି ତତେ ଥୋଇଦେଇ
କୋଉ ଗୋଟାଏ ଗଛମୂଳରେ
ଲୁଚିବି ଯାଇ ବଣମଣିଷର କନ୍ଦରାରେ,
ସେତେଥର ତୁ
ନିର୍ଝର ହୋଇ ବାହାରିଚୁ ଗିରିପଥରୁ
ହ୍ରଦ ଖୋଜି ଖୋଜି ମୁଁ ଯାଇ ପହଞ୍ଚିଚି
ତୋର ଆଖିର ଉପକୂଳରେ।

ଦିନକୁ ଦିନ ଟାଣି ଦେଉଚି ତୋର ବନ୍ଧନ
ଦୂରରୁ ଦୂରକୁ
ଆହୁରି ଦୂରକୁ
ଲମ୍ବିଯାଇଚି ଲକ୍ଷ୍ୟସ୍ଥଳ,
କୋଇଲି ଡାକରୁ ଜାଣିହେଉନି
ରାତି କି ଦିନ
ଆଖିକି ବି ଦିଶୁନି ଆଉ
ଚାରିଆଡ଼କୁ ଚାହିଁଲେ।
ଛାତିରେ ମୁଣ୍ଡରଖି
ତୋର ଘଡ଼ିଏ ଶୋଇପଡ଼ିବା
ତ୍ରୟୋଦଶୀର ଚାନ୍ଦ ଉଇଁବା ଶାଳବଣରେ,
ରଣ କୁହୁଡ଼ିରେ
ଆଖି ମଳିମଳି ଉଠିବା ଏକୁଟିଆ ତାରାଟିଏ
ପାହାଡ଼ର ମୁଣ୍ଡଉପରେ,
ଏସବୁ କିଛି ଦିଶୁନି ମୋତେ,

ଯାହାକୁ ମୁଁ ଦେଖିଆସିଚି ଦିନ ପରେ ଦିନ
ସବୁ ଗଲାଣି ନଷ୍ଟ ହୋଇ
ଏ ଅନ୍ତହୀନ ଯାତ୍ରାରେ।

ମୁଁ ଆଉ ଆଖିରେ କିଛି ଦେଖୁନି
ଶୁଣୁନି କାନରେ, ଛୁଉଁନି ମୋତେ କିଛି
ମୁଁ ଅଛି ଏମିତି ଅଦ୍ଭୁତ ପୃଥିବୀରେ
ଯେଉଁଠି
ସଂକଳ୍ପ ଥାଏ ପାଷାଣରେ।

ତୋତେ ନେଇ ମୁଁ କରିବି କ'ଣ ଦେଶ ମୋର ?
ଯୁଆଡ଼େ ଯାଏ
ସରୁ ଯୋଉଠି ବି ବାଟ
ହେଉ ଯେତେ କଷ୍ଟ
ଲିଭିଯାଉ ପଛେ ଇତିହାସରୁ ନାଁ
ତୁ ରହିବୁ
ମୋର ଅଦୃଷ୍ଟରେ
ଅଭୁକ୍ତ ଭାଗ ହୋଇ କାଳର।

୯୬

କାଲି ତତେ ଦେଖିଲି ସ୍ୱପ୍ନରେ
ସବୁଥର ଭଳି ନୁହେଁ
ଅଲଗା ରୂପରେ ।
ଆଗରୁ ତୁ ଦିଶୁଥିଲୁ ଜହ୍ନଆଲୁଅରେ
ନଈପଠା ଭଳି
ଅସ୍ପଷ୍ଟ, ଆକାରହୀନ
ଜଳଧାର ଖୋଜି ଖୋଜି ଚକ୍ରବାଳଯାଏଁ
ପଡ଼ିଥିବା ତୋର ପାଦଚିହ୍ନ
ଦିଶୁଥିଲା ଚୋଟଖାଇ ଯାଇଥିବା
ବାଘୁଣୀର ଖୋଜ ଭଳି
ରକ୍ତିମ କରୁଣ ।

ଆକାର ନଥିଲା ବୋଲି ସବୁଥର ସ୍ୱପ୍ନରେ ମୁଁ
ନୂଆକରି ଗଢ଼ିଥିଲି ତତେ
ବାଲିରୁ ବାଲୁକେଶ୍ୱରୀ କରି ଗଢ଼ିବାରେ
ମୋ ନିଜର ଈପ୍‌ସା ଥିଲା ଅପ୍ରମେୟ,

ନଥିଲା ଆଗ୍ରହ ତୋର
ରେଣୁରେଣୁ ଉଡ଼ିବାରେ ଅଭ୍ୟସ୍ତ ତୋ ଦେହ
ଖୋଜୁଥିଲା ଛଳନାରେ ମୁକ୍ତିର ଅଭୟ।

କେତେବେଳେ ସ୍ୱପ୍ନରେ ମୁଁ ଦେଖିଥିଲି
ତୁ ଆସୁଚୁ ଟାଣିହୋଇ ଶୈଳଶିଖରରୁ
ପଡୁଚୁ ପ୍ରପାତ ହୋଇ ଭୂମିରେ
ଭୂମିର ଚିହ୍ନବର୍ଣ୍ଣ ନାହିଁ
ଏଭଳି ଗହ୍ୱର ଯାହା ତତେ
ଆଉ ଏକ କାଳାନ୍ତର ପାଇଁ
ବୁଭୁକ୍ଷିତ ରହିଚି ଅନାଇ।
ଅଲଗା ଦିଶିଲୁ କାଲି
ଦିଶିଲୁ ବର୍ଷାରେ
ମନ୍ଦିରର ଚୂଡ଼ାଭଳି
ଦୂରରୁ
ପାଖକୁ ଆସିବାକୁ ଦିଶିଲୁ ଅଳନ୍ଧୁ
ଲାଗିଥିବା କାରୁକାର୍ଯ୍ୟମୟ ଚିତ୍ରଭଳି ଜୀର୍ଣ୍ଣପ୍ରାସାଦର,
ଡାକୁଥିଲୁ ମୋତେ, ଆସ
ଦିଅ ମୋତେ ମୋର
ନବକଳେବର
ସ୍ମୃତିକୁ ମୋ ସତ୍ତା ଦିଅ
ସତ୍ତାକୁ ଆକାର
ଆକାରକୁ ଦିଅ ଭୋଗିବାର
ପୂର୍ଣ୍ଣ ଅଧିକାର।
ତେଣୁ କାଲି ଦେଲି ମୋର ମନୋରଥ ତତେ
ଦେଲି ସ୍ପର୍ଶ
ଦେଲି ଗନ୍ଧ
ଦେଲି ଘ୍ରାଣ
ଦେଲି ଉଦ୍ଘାଟନ ନବାନ୍ନର
ଦେଲି ମୋର ଦୁର୍ଭାଗ୍ୟର ଅବଶେଷ
ଦୁଃସହ ରାତିର
ଉଷାଠାରୁ ଶେଷ ଅନ୍ଧକାର।

୯୭

କେହି ଆଉ ତତେ ଖୋଜିବେ ନାହିଁ ଏଣିକି
ତୁ ଲେଖିଦେଇଚୁ
କପାଳରେ ଯେ
ତୁ ନାହୁଁ କଟା ପିଆଶାଳ ଭଳି ପଡ଼ିଥିବା
ତୋର ପୁରୁଣା ଦେହରେ,
ନାହିଁ ତୋର
ଗୟସ ଫୁଲର ତୂଣୀରରେ ଆଉ ତୀର,
ନାହିଁ ତୋର କଳା ପଡ଼ିଆସୁଥିବା
କାଠଛତୁରେ ଜହର ।

ସବୁ ଶେଷ ହୋଇଯାଇଚି
ଏକାଥରକେ
ଲୋପ ପାଇଯାଇଚି ବର୍ଷା ପାଣିରେ
ଭାସିଯାଇଥିବା
କାଗଜର ଡଂଗା ସହିତ
ସଂସାର ।

ଖେଳରେ ମାତି ଧୂଳିଧୂସର ଦିନ କେଇଟା
ଗଲେଣି ଚାଲି
ସେମାନଙ୍କର ବି ଇଛା ନାହିଁ ହେବାକୁ ଇତିହାସର କାହାଣୀ ।

ବାଲି ତାତୁଚି ଶୁଖିଲା ନଈରେ
ତାତୁ
ସେଇ ତ ଜୀବନ ଦେହଛାଡ଼ି ବାହାରିଯିବାର
ଆଷାଢ଼ରେ !

ଦେଶ ମୋର ତୁ ମେଘ ନେଇ ଆ'
ମରୁଭୂମିକୁ ମୋର
ବର୍ଷି ଯା'
ନ ହେଉ ପଛେ ବାଲୁଚର ମୋର
ଶସ୍ୟଶ୍ୟାମଳ
ନ କଅଁଳୁ ପଛେ ଭିଟାମାଟି ତଳେ
ପଡ଼ିଥିବା ମୋର ପିତୃପୁରୁଷଙ୍କ ହାଡ଼ ।

ଏମିତି ବି ତ ଥାଏ ଅରାଏ ବାଲି
ମରୁଭୂମିରେ
ଯୁଗଯୁଗର ଅକାଳ ଥାଏ
ଯାହାର ଫୁଲରେଣୁରେ !

୯୮

ମୋତେ କିଛି ମିଳିନି କେବେହେଲେ
    ମୁଁ ସବୁବେଳେ
    ଠିଆହୋଇଚି
ତୋର ଦାନଶାଳାର ବାହାରେ ।
ହାତପତାଇ ମାଗିଚି ଦେ'
    ହାଡ଼ଥରାଇ ଫୁଟାଇ ଦେ
    ମଂଜରୁ ମୋର ଶସ
    ବୁହାଇ ସେ ଆଖିବୁଡ଼ାଇ ରସ
ଭରିଦେ ଭରିଦେ ମୋର ଅଭୀଷ୍ଟକୁ
    ଅହଂକାରରେ ।

    ତୁ କିଛି ଦେଲନୁ
ଆଖି ଟେକି ଚାହିଁଚୁ,
    ପାଦରୁ
ଖୋଲିଦେଇଚୁ ଶିକୁଳି
ଉଡ଼ାଇଦେଇଚୁ ଅବୋଧ ମନୋରଥକୁ ମୋର
    ନୈରତକୁ ।

ଦେଶ ମୋର ମୁଁ ତଥାପି ଅଛି,
ବଢ଼ି, ମରୁଡ଼ି, ମହାମାରୀ
କେହି ମୋତେ କରିପାରିନି ହତାଶ,
କିଛି ବି ମୋତେ ମାରିପାରିନି
ନା ଅସ୍ତ୍ର ନା ଅମଳତାସ,
ମୁଁ
ଯୁଦ୍ଧ ହୋଇ ଫେରିଚି
ବିରହ ହୋଇ ଫେରିଚି
ମରୁ ମରୁ ବଂଚିବା ଶିଖିନେଇଚି
କଳିନେଇଚି ତୋର ଐଶ୍ୱର୍ଯ୍ୟ-
ସବୁବେଳେ
ସେଇ ଖାଲିହାତରେ।

୯୯

ଆଖି ଖୋଲି ନଦେଖିବା ସବୁଠୁ ସହଜ
ସେହି ସହଜ ଶିଳାଲେଖକୁ ମୁଁ
ଲେଖି ରଖିଚି ମୋର ଗୁମ୍ଫାକାନ୍ଥରେ
ଯେବେ ଯେବେ ତୁ ଆସିବୁ
କଅଁଳ ନୂଆପତ୍ରରେ ଭରିଯାଇଥିବା
ପାହାଡ଼ର ଅନ୍ଧ ସୁନାରିଗଛ ମୂଳକୁ
ଗଛଛାଇରେ ଘାସରେ ଲୋଟି ଭାବିବୁ
ତୋର ଗର୍ଭରେ ଅଛି ଅକର୍ମଶିଳା
ମୋର ଅଭିଶାପର,
ସେବେ ସେବେ ମୁଁ ଦେଖାଇବି ତୋତେ ମୋର ଶିଳାଲେଖ,
ସହଜ ହୋଇ ବଂଚିବାର
ଗୋଟେ ନୂଆ ଅର୍ଥ ବାହାରିବ
ତା'ର ମୂଢ଼ପଣରୁ।
ଦେଶ ମୋର ମୁଁ ସଜାଇ ରଖିଚି
ତୋରଣ ତୋର ଅଭିଷେକ ପାଇଁ
ମୋର ଅସମର୍ଥ ସିଂହାସନରେ,

ମୋର ସବୁ ବିଧ୍ୱସ୍ତ ବର୍ଣ୍ଣମାଳା କ'ଣ
ସୂଚନା ନୁହେଁ ସେ ଉତ୍ସବର ?
ସବୁ ଦେଖି କିଛି ନଦେଖିବାର ଏ ଶିକ୍ଷ
କ'ଣ ଗଢ଼ିଉଠିନି ଇତିହାସର ଆରମ୍ଭରୁ ?
ଯାକୁଇ ନେଇ କ'ଣ ନଭଚାରୀମାନେ
ଫେରିନାହାନ୍ତି ବ୍ୟୋମରୁ ?

ମୋର ଏ ଗୁମ୍ଫା
ତିଆରି ହୋଇଚି ଇତିହାସର ରକ୍ତମାଂସରେ
ସାକ୍ଷୀ ହେବାପାଇଁ
ଅସଂଖ୍ୟ କରୁଣ ଅଶ୍ୱମେଧର,
ସବୁ ଦେଖି କିଛି ନଦେଖିବାର
ଗୋଟେ ରାସ୍ତା ବି ଆସି
ପହଞ୍ଚିଲାଣି ପାହାଡ଼ ସେପଟୁ
ବାଟ କଢ଼ାଇ ନେବାପାଇଁ
ଦିଗ୍‌ବଳୟର ଅରଣ୍ୟରେ ।

୧୦୦

ତଥାପି ମୁଁ ସହଜ ହୋଇ ପାରିଲି ନାହିଁ
ଡାକିପାରିଲି ନାହିଁ:
ମା' ଶୋଇବା ପାଇଁ କୋଳ ଦେ'
ଦୁର୍ବଳ ଗୋଟେ ପାହାନ୍ତି ଆଲୁଅର ମହଳଣରୁ
ଖୋଜିଦେ' ମୋତେ ଅରୁନ୍ଧତୀ
ଜଗତ ଯାକର ଦୁଃଖ ନେ'
ଦେ' ମୋତେ ସୁଖ ନିମିଷକର।

ମୋର ପାଟି ପଡ଼ିଗଲା
ଅନ୍ଧାର ଦିଶିଲା ରୁପାଥାଳିରୁ ଆଲୁଅ ହୋଇ
ବାହାରିଥିବା ନଈ,
ଦରପୋଡ଼ା ଖଣ୍ଡେ ଜହ୍ନର ଜୁଇ
ଆଖିରେ ମାଡ଼ିଦେଇ
ପବନ କହିଲା: ଯା ଏଥର ଘରକୁ ଯା'
ସବୁ ତ ଶେଷ, ଜୟ କାହାରି ନାହିଁ
ଏ ଘମାଘୋଟ ଲଢ଼େଇରେ।

ମୁଁ କହିପାରିଲି ନାହିଁ ଯେ
ଦେଶ ମୋର ଶୋଇନି ଏଯାଏଁ
କୋଳ ତା'ର ଏବେ ବି ଖାଲିଅଛି ମୋ' ପାଇଁ।

ଦେଶ ମୋର ମୁଁ ତୋର ନିଷ୍ଠୁରତାକୁ ଜାଣେ
ତୋର ମାଟିପଥରର ଦୁର୍ଗରେ ଉଡ଼େ
ଯେଉଁ ନିଶାଣ ନିର୍ମମତାର
ମୁଁ ଜାଣେ ତା'ର ଭେଦ,
ହେଲେ ଜାଣେନାହିଁ ତୁ କେତେବେଳେ
ଠିଆହୋଇଯାଉ କୋଉ ରୂପରେ-
ଏଇ ଯୋଉ ବନ୍ଧ ଉଜୁଡ଼ି
ମାଡ଼ିଆସୁଚି ବଢ଼ିପାଣି
ସେଥିରେ କ'ଣ ଭାସିଯିବ ମୋର
ଘରଦ୍ୱାର
ସ୍ରୁବ, ଦ୍ରୋଣୀ
ହାଣ୍ଡି, ଛାଂଚୁଣି ?
ନା
ସବୁ ରହିବ ଯେମିତି ସେମିତି ମୃଗଶିରାରେ,
ଖାଲି ଲାଗିଯିବ ପାତକ
ତତେ କେବେ ମା' ବୋଲି ଡାକି ନପାରିବାର
ଶୈଶବରେ ?

୧୦୧

ସବୁ ଶେଷର ସାଗର ଥାଏ
ଯେମିତି ଥାଏ ସବୁ ଆରମ୍ଭର କଳସ,
ଶୂନ୍ୟକୁ ଡାକି
ସିଂହାସନରେ ବସାଇବାର
ଶୁଭଦିନକୁ ମୁଁ ଟାକି ରହିଚି ଦେଶ ମୋର
ସେଦିନ କାନ୍ତାରରୁ ଉଠିବ ସାଗର
ଶେଷ ହୋଇଯିବ ଜନ୍ମଜନ୍ମର କ୍ଳେଶ

ଅଲୋଡ଼ା ଅଖୋଜା ହୋଇ ପଡ଼ିଥିବା ମୋର
ଯେତକ ଅବଶେଷ
ସେଇଥିରେ ତତେ ଗଢ଼ିଚି ମୋର ଦେଶ
ନଈ ପାହାଡ଼
ଅଛି ସେଇଠି
ଯୋଉଠି ଥିଲା
କିଛି ବି ବଦଳିନି।
ସ୍ୱପ୍ନକୁ ଶେଷଯାଏଁ ଦେଖିବାର

ଗୋଟେ ନିଶା ଆସି
ଧରିଚି ମୋର ହାତ
ଅନ୍ଧ ହୋଇ ମୁଁ ପଶିଯାଇଚି
ମେଘର ମନ୍ତ୍ର ଭିତରେ
ଅମର ହେବି ବୋଲି ପ୍ରେମରେ ।

ହେବ କି ନାହିଁ ସେ ସ୍ୱପ୍ନ ପୁରୁଣା
ଆସିବିକି ନାହିଁ
ଲହୁ ନେଇ ପିପାସା
କଳଙ୍କ ହେବା ପାଇଁ ଜହ୍ନରେ-
କିଏ ଜାଣିଚି ?
ମୁଁ ଥୋଇଦେଇଚି ମୋର ସବୁ କୃତକର୍ମର
ତାନମାନଙ୍କୁ ଏକାଠି କରି
ଗୋଟେ ବୀଣା ବି ବାଜୁଚି ରହି ରହି ସାରାରାତି
ଅସାଧ୍ୟ ତାର ନିଜ ଲୟରେ ।

କହ କେବେ ସକାଳ ହେବ
ଏ ଶେଷ କେବେ ପହଂଚିବ ତା'ର ସାଗରରେ
ଦେଶ ମୋର
ମୁଁ ତତେ ଦେଖିବି ଆଉଥରେ
ମୋ' ନିଜ ଆଖିର କିମ୍ବଦନ୍ତୀରେ ?

୧୦୨

ହେ ମୋର ଅସଂଖ୍ୟ ଦିନରାତି ନବପଲ୍ଲବର
ହେ ମୋର ଅସଂଖ୍ୟ କାଳାନ୍ତର ଶିଶିରର
ସ୍ତବ୍ଧ ନିମିଷର ମାଳ, ଗ୍ରହତାରା ଉଦୟଅସ୍ତର ଅନନ୍ତିକା
ଦେଶ ମୋର,
ମୁଁ ଆଜି ତତେ ଭସାଇଦେଲି-
ବିସର୍ଜନର ସେ ସାଗର
କେତେ ଗଭୀର ଜାଣେ କେବଳ
ଆଖି ମୋର।

ପୁଣିଥରେ ମାଟି ଫୁଟାଇ ଉଠିବ ଦିନର ଅଂକୁର
ପଥରଫୁଟାଇ ଉଠିବ ରାତିର ରକ୍ତବୀଜ
ଟୋପାଏ ଶିଶିର ରହିଯିବ
କୋଉ ନାଁ ଅଜଣା ଫୁଲର ପାଖୁଡ଼ାରେ
ପଲପଲ ହୋଇ ପ୍ରସରିଯିବ
ମୋର ଅନନ୍ତ ନଭ
ଝରିଝରି ପୀତାଭ ଶୃଂଗ ଉପରେ
ସଂତାପର।

ମୋର ଅବଶେଷକୁ ତୁ ନାଁ ଦେବୁ
ଡାକିବୁ ଆ'
କୋଳକୁ ଆ' ଧନ ମୋର
ପାଉଁଶ ତଳେ ରଖିଚି ଘାସ
ବାଉଁଶଧନୁର ଗୁଣତଳେ ରଖିଚି
ସୁଦୂରର ଲକ୍ଷ୍ୟସ୍ଥଳକୁ
ସୁନ୍ଦରତର କରିବାର ସାହସ।
ମୁଁ ଠିଆହୋଇଥିବି ବଂଶୀଧରି ହାତରେ
ତୁହାକୁ ତୁହା ଘୋଟିଆସୁଥିବ
ଅନ୍ଧାର,

କୁଂଜରେ କେହି ନଥିବେ
ପାଦଚିହ୍ନଟେ ବି ନଥିବ ଯମୁନା ପୁଲିନରେ,
ସବୁତକ କାଳାନ୍ତରରୁ
ବାହାରୁଥିବ ବେଶଭୂଷା ହୋଇ
ଗୋଟିଏ ନିଶା ଅଭିସାରର,
ନିଦ ନଥିବ ଆଖିରେ ମୋର
ଥର ଥର କରି ଡାକୁଥିବ ସହସ୍ରଥର
ଦେଶ ମୋର
କ୍ଷମାକର
କ୍ଷମାକର ହେ ମୋର ଅବଶେଷର ଅକ୍ଷୟ
କୁଟାକାଠିର କଂକାଳ।

୧୦୩

ସେସବୁ କିଛି ସତନୁହେଁ
ମିଛର ସେ ପାରିଧିରେ
କେହି କେବେ କହନ୍ତି ନାହିଁ ସତ,
ବାଘ ଭାଲୁ ଯିଏ ବି ମଲା
ସିଏ ମୃଗ ସେ କଳ୍ପନାର।

ମୁଁ ବି ତ ନିଜକୁ ଭୁଲାଇଥିଲି
ଦେଶ ମୋର
ଭାବିଥିଲି ସକାଳଆଡ଼କୁ ଛାଡ଼ିଯାଇଥିବ
ବର୍ଷା
ମନ୍ଦରଗିରିରେ ନଥିବେ ଆଉ ଶିକାରୀ
ମୋର ପ୍ରାର୍ଥନାର ଅରଣ୍ୟ ଭରିଯାଇଥିବ
ପୁଷ୍ପିତ ମହୀରୁହରେ।

ସତକୁ ସତ
ମିଛକୁ ସତ
କରିବାର ଏ କଳା

ମୁଁ ପାଇଚି ତୋ'ଠାରୁ ଦେଶ ମୋର,
ତୁ କ'ଣ ଜାଣୁନା
ସେଦିନ ତୋର ସେ
ଆତ୍ମଦାନରେ
ଥିଲା ସବୁଠୁ ବଡ଼ ସ୍ୱାର୍ଥ ନିଜର,
ଲୁଚି ଲୁଚି ଛାଡ଼ିବାରେ ନିର୍ମୋକ
ଥିଲା ପ୍ରବାସକୁ ଗୃହାଂଗନରେ
ଭୋଗିବାର ଚାତର !

ତତେ ଆଉ ମୁଁ ମାଟି ସହିତ ମାଟି ହେବାକୁ ଦେବିନି
ଦେଶ ମୋର
ଉଜୁଡ଼ି ଯାଉଥିବା ସବୁ ଗନ୍ଧ, ସବୁ ବାରଣ,
ସବୁ ସୀମାରେଖାର ଉପରେ
ଅଛି ଯେଉଁ ଶ୍ୟାମଳ ସମତଳ
   ନୀହାରିକାର କେଦାର
ସେଇଠି
ପୋତିବି ବୀଜ ଉଲ୍‌କାର
ଗଢ଼ିବି ତତେ ନୂଆକରି,
   ମାଟିରୁ ଯେମିତି
ନୂଆକରି ଉପୁଜେ ପଥର, ଯେମିତି
ପଥର କୋଟି ଅଥୟ ପଥ ବାହାରେ ଦେଶାନ୍ତର ।

୧୦୪

ନୀଳକନ୍ଦରର ସେ ନିଆଁକୁ
ଦେଖିଚୁ କେବେ ?
ଦେଖିଚୁ ପ୍ରବଳ ବାଡ଼ବାନଳର
ନୌକାରେ ସାଗର ତରିବାର
ସେ ପ୍ରବାଳକୁ ?

ଦେଖିଚୁ କେତେ
ଭୟଙ୍କର ସେ କାଳିଜହ୍ନର
ଘଡ଼ିମାରି ଆସିବା
କେତେ ଅହଂକାର ସେ ଢେଉରେ
ନିଜକୁ ଏକାଠିକରି
ଗୋଟାଇ ନେଲାବେଳେ ବାଲିରୁ,
କେତେ କ୍ଷୁଧା ସେ,
ଭୁଆସୁଣୀର ଚୁଡ଼ି ରଣଝଣରେ ?

କଇଁଫୁଟିବା ପ୍ରତିଧ୍ୱନିର ଦର୍ପଣରେ
ନୁହେଁକି ତା'ର ବାସନା
ସନ୍ତର୍ପଣରେ

ଦ୍ୱାରଡେଇଁ ପଶିବା ଗମ୍ଭୀରାରେ ?
ତତେ ମିଛ ମୋତେ ସତ
ଏ ଧୂଳିଖେଳର ସଂସାର
ବୀତରାଗର ଏ ସମ୍ଭାର
ନଡ଼ିଆଗଛର ମୁଣ୍ଡଉପରେ ।

ପଚାରୁଚୁ କିଏ ତରିଚି ସାଗର
କୋଉ ଢେଉ ସେ
କୋଉ କ୍ଷୁଧା, କୋଉ ବାସନା
କାହାର ?
ତୁ ବୋଧେ ଜାଣିନୁ ଦେଶ
ମୋର ସବୁ ଅନ୍ଧାର
ଗଢ଼ି ଦିଏ ଯାହାକୁ ସଂଗୋପନର ଗୁହାରେ
ତାକୁଇ ନେଇ ମୁଁ ବାହାରେ
ନାଗାର ବନାଟି ହୋଇ ନିଆଁରେ,

ଯୋଉଠିବି ଥାଉ
ଆରଜନ୍ମର ଶାଣଟିକିଏ
ମରିଯାଉଥିବା ନଖଭଳି
ଏଡ଼େଟିକେ ଜନ୍ମରେ,
ନିଆଁ ଦିଶେ
ନୀଳକନ୍ଦରରେ ।

୧୦୫

କେହି ତାକୁ ବୁଝିବେ ନାହିଁ
କେହି ଜାଣିବେ ନାହିଁ,
ବିଶୁଦ୍ଧ ଅନ୍ତର ପାଇଁ ତାରାର
କେତେଥର ଜଳି ଭସ୍ମ ହେଲା ପୃଥିବୀ,
କେତେକୋଟି ଅଙ୍ଗାର
ଡହକିବାରୁ
ଖସିଲା ଟୋପାଏ ଶିଶିର।

କହି ପଚାରିବେ ନାହିଁ କାହିଁକି
ବସୁନ୍ଧରା ପଡ଼ିରହିଲା
ଯୁଗ ପରେ ଯୁଗ,
ଗୋଡ଼ହାତ ଛାଟିଦେଇ
କାଳପୁରୁଷର ନିରନ୍ତର ପଡ଼ିରହିବାରେ ବି
କି ସୁଖ ଥିଲା, ଥିଲା କି ଭୋଗ ?

ଦେଶ ମୋର
ମୁଁ କହି କହି ଥକିଗଲିଣି,
ତୋର ଗୋଟିଏ କୋଇଲି ଡାକକୁ
କହିପାରୁନି ଭାଷାରେ,
ସହସ୍ର ବଳିଦାନର ରକ୍ତରୁ ବି
ପାଉନି ତୋର ରଙ୍ଗ ହଳଦୀର।

ସାତଦ୍ୱୀପ ତେରପ୍ରାନ୍ତର
ବୁଲିବୁଲି
ପାଇଚି ମୁଠାଏ ମହକ
ଗୋଟିଏ ଗୁଂଜରଣ
ତାକୁ ଦେବି ତତେ ମୋର ଅସହାୟତାର
ସନ୍ତକକରି,
ସେତିକିରୁ ବି ଯଦି ବୁଝିନହୁଏ
ମୁଁ ଅଛି ଧରାରେ
ଜାଣନହୁଏ ଜୀବନ ଅଛି
ପାଉଁଶରେ,
କହିନହୁଏ କହିବା କଥା,
କମିନଯାଏ ବ୍ୟଥା ଅସ୍ଫୁଟ ମଂଜରୀର
ତେବେ ତାହାହିଁ ହେଉ
ଦେଶ ମୋର
ଯେମିତି ଅଛି ସେମିତି ଥାଉ ସବୁ
ଅବ୍ୟକ୍ତ ଥାଉ
କିନ୍ତୁ ଥାଉ ଅଧୀର।

୧୦୬

କାଳେ ସରିଯିବ ବୋଲି
ମୁଁ ଜମା କରି ରଖିଲି
ସବୁତକ କାଳ ମୋର
ସବୁ ନିଷ୍ଫଳ କ୍ରୋଧର କୋଟରରେ ରଖିଲି
ଧନୁ ଓ ତୂଣୀର।
ତତେ କେବେହେଲେ କହିଲି ନାହିଁ ଯେ
କେହି ବଂଚିଲେ ନାହିଁ ସେ ଯୁଦ୍ଧରେ।
ତ୍ରସ୍ତ ଇନ୍ଦ୍ରଧନୁଟିଏ ଉଇଁବା ତୋର କପାଳରେ
ଖେଳଥିଲା ବର୍ଷିନପାରି
ମହୁଲମୂଳରୁ ମାଟିବିଦାରି ଫେରିଥିବା
ଅସହାୟ ମେଘର।

ତତେ କହିଲିନାହିଁ
ଦେହସାରା ତୋର ରକ୍ତଦାଗ
କଳାପଡ଼ିଆସୁଚି ଆଖିତଳ
ଓଠ ଶୁଖିଲା
କାନି ମଇଳା

ଜର୍ଜର ତୋରି ନିମଗଛରେ
ମୁଠାଏ ହେବ ଫୁଲ
ଝରିପଡୁଚି
ଝରିପଡୁଚି
ଉଇହୁଂକାର ଯୋଡ଼ହସ୍ତ ସ୍ୱୀକାର ଉପରେ,
ନିଶ୍ଚଳ
ତପସ୍ୟାରୁ ତୋର ଉଠୁଚି ହ୍ରେଷା ଯୁଦ୍ଧଭୂମିର ।

ପାଦପାତ କରି
ଆଗେଇ ଯାଉଚି ପ୍ରଦୀପ ହାତରେ
ଇତିହାସ
ପୃଥିବୀଠାରୁ ଅଲଗା ହେବାର ଦୀର୍ଘଶ୍ୱାସ
ନିଷ୍ପନ୍ଦ କରିଦେଇଚି ନିମିତ୍ତକୁ,
କିଛିନାହିଁ
କୋଉଠି କିଛିନାହିଁ
କହି କହି ଫେରିଯାଉଚି ସକାଳ
କେହି ଉଠିବା ଆଗରୁ ।
ଯାକୁ ବି କ'ଣ ଗଣାହେବ ହିସାବରେ
ଦେଶ ମୋର
ଇଏ ବି କ'ଣ
ରହିବ ନୂଆ ଋଣ ହୋଇ
ପୁରୁଣା ପୃଥିବୀର ?

୧୦୭

ସେ ଧ୍ୱଂସକୁ ଦେଖି ମୁଁ ଡରିଗଲି
ଦେଶ ମୋର
ଭାବିଲି ଆଉ ଉଠିବନାହିଁ କିଛି ଏ ମାଟିରୁ
ନା ଅଙ୍କୁର
ନା ଆଲୋକ
କିଛି ଉଠିବ ନାହିଁ ଧ୍ୱସଂସ୍ତୁପରୁ।

ଭୁଲ୍ ଥିଲା ମୋ' ଭାବିବାରେ
ମୋର ଅଙ୍ଗାର ହେବା
ସେତେବେଳକୁ
ହୋଇସାରିଥିଲା ନୈବେଦ୍ୟ
ତା'ର ନିଭୃକ୍ତିର।
ଶବ୍ଦଟିଏ ଉଠୁଥିଲା
ଜଳିପୋଡ଼ି
ଶୁଦ୍ଧହୋଇ
ଘନତମସାରୁ।

ସେ ଶବ୍ଦ ନେଇ ରଖିବି କୋଉଠି ଦେଶ ମୋର ?
ତୋର ଯେତେ ନଦୀପାହାଡ଼
ବଣବିଲ
ଆକାଶପ୍ରାନ୍ତର
କୋଉଠି ନାହିଁ ଏତେଟିକିଏ ଖାଲିଜାଗା
କୋଉଠି ନାହିଁ ଏତେଟିକିଏ ସ୍ୱପ୍ନ
ନୀଡ଼ର ।

ହେ ମୋର ନଦେଖିଥିବା ସ୍ୱପ୍ନ
ହେ ମୋର ଅପହଞ୍ଚ ପଥ ସୁଦୂରର
ମୁଁ ତମକୁ ଡାକିବି ନାହିଁ ଆଉ
ଖୋଜିବି ନାହିଁ ଶଂଖ ପାଇଁ ସାଗର ।
ଥାଉ ଧ୍ୱଂସରେ
ଧ୍ୱଂସହୋଇ
ସାରାଜୀବନ,
ଦେଶ ବାହାରେ ନିର୍ବାସନରେ ଥାଉ ମୋର ପ୍ରତିଦାନ ।

୧୦୮

କେତେ ଆଗକୁ ବଢ଼ିବ ସମୟ
କେତେ ଦୂରକୁ ଯିବ
ବିସ୍ମୃତିର ଲୟ ?
ମନ୍ଦିରଗାତ୍ରର କିନ୍ନରୀଠାରୁ
ଖୁଦକଣିକାଏ ବି କେବେହେଲେ ପାଇନଥିବା
ଏ ପାରାବଣିଙ୍କ ସଂପ୍ରଦାୟ
କେଯାଏଁ ରହିବେ ପୃଥିବୀରେ ?
ନା ଏମିତି ହେବ
ଦେଶ ମୋର
ଖାଲି ଖୋଜିବା ଲୋକେ ରହିବେ ଚିରଦିନ
ନମିଳିବା ହିଁ ହେବ ସଂଜୀବନୀ ଧରାନିବାସର,
ଯିଏ କହିବ ପାଇଚି
ତା'ର କାନ୍ଥ ଫାଟିବ କହିବାକ୍ଷଣି
ଭୁସ୍ ଭୁସ୍ ହୋଇ ପଶିଆସିବ ପ୍ରପାତ
ନୀପମୂଳର ପାଉଁଶ ଉଡ଼ି
ଅନ୍ଧାର ଦିଶିବ ଜଗତ !

ପାଇଥିବା ଲୋକେ ରହିବେ ନାହିଁ
ପାଇଚି ଭାବିଲେ ଆରମ୍ଭ ହୋଇଯିବ ବିନାଶ
ନପାଇବାର ଏ ସୁନ୍ଦର ପୃଥିବୀରେ
ରହିବ କେବଳ ପଥରରେ ଲେଖା ହସରୁ ଧାରେ
ଯାହାକୁ ପାଇହୁଏନି କେଉଁଥିରେ
ହେଲେ କହି ବି ହୁଏନି ଇଏ ନାହିଁ
ନିହାଣ ମୁନରେ।

ଦେଶ ମୋର
ମୁଁ ଡେଇଁ ଆସିଲିଣି କେତେ ପ୍ରହର ଏ ଭିତରେ
ଭୁଲି ଭୁଲି ଲିଭାଇ ସାରିଲିଣି କେତେ ହସ ରକ୍ତସ୍ରାବୀ
କ୍ଷତ ମୁହଁରୁ
ଗଲିଣି କେବଠୁଁ ବିଦାୟ ନେଇ ଗିରିଶିଖରରୁ
ଫେରି ବି ଆସିଲିଣି ପ୍ରଥମ ବର୍ଷାଟୋପା ହୋଇ
ବନ୍ଧ୍ୟାମାଟିକୁ କେତେ ଥର
କେତେଥର ନଷ୍ଟକରି ଗଢ଼ିସାରିଲିଣି ନୀଡ଼ ମୋର
କେତେଥର ଉଠାଇଲିଣି ଅସ୍ତ୍ର ମରଣ ବିରୁଦ୍ଧରେ।

କହ ଦେଶ ମୋର
ମୁଁ କୋଉଠୁ ପାଇବି
ଯାହାକୁ କେହି ପାଇନି କେବେ କୋଉଥିରେ।

୧୦୯

ଆୟୁଷକୁ ତୁ କରିପାରିବୁନି କ୍ଷମା ମୁଁ ଜାଣେ
ତୁ ଦେଇ ବି ପାରିବୁନି
ତୋର କରୁଣାରୁ ଗଣ୍ଡୂଷେ ସାଗରକୁ
ସ୍ତବ୍ଧ ହୋଇ ଚାହିଁବୁ କୋଉଠୁ ଆରମ୍ଭ ହୁଏ
ବାଟବଣା ସ୍ୱର ସନ୍ଦେହର
କୋଉଠୁ ଯାଏ
ଜଳଭାର ଉଚ୍ଛଳ ମରୀଚିକାର ମେଘକୁ
କୋଉଠୁ ଆସେ ମୃତ କେକାର ଉପତ୍ୟକାରୁ
ଧ୍ୱନି ପୁନର୍ଜନ୍ମର ।

ନୁ କହିପାରିବୁନି ତୁ ପାପ କରିନୁ ଚୁପ୍ ରହି,
ନିଷ୍ପାପକୁ ଦେଇ ବି ପାରିବୁନି ଅଭୟ କଥାରେ,
ଯାଇ ପାରିବୁନି ଧୂଳିଝଡ଼ର ପଛେପଛେ
ସେ ଭଂଗାଘରକୁ
ଯାହା ଠିଆହୋଇ ରହିଚି ଆମର ଏକାଠି ହେବା ଦିନଠୁ
ସାକ୍ଷୀ ହୋଇ;

ଉଠାଇ ନେଇ ପାରିବୁନି
ମାଟିରୁ ରକ୍ତଜବା,
ରହିପାରିବୁନି ପ୍ରେମର ପ୍ରଥମ ଶିରାନ୍ୟାସରେ
ଥରି ଉଠୁଥିବା ପତ୍ରଧାରରେ,
ନୂଆନୂଆ ତିଆରି ହୋଇଥିବା ଆମର ସ୍ୱର୍ଗରେ
ଆମେ ଡାକିନୁ ଏଯାଏଁ
ଦେବତାଙ୍କୁ
ଗଢ଼ିନୁ ଏଯାଏଁ ରକ୍ତମାଂସର ଈଶ୍ୱର,
ଶିଖିନୁ କଳା
ଅଶରୀରୀର।
ତୁ ସେମିତି କିଛି ନକହି ଥା' ମୋର ଦେଶ
କିଛି ଦେ'ନା କାହାକୁ।

କେହି ବି ତୋର ମାଟିଖୋଳି ପାଇନାହାନ୍ତି କିଛି,
କାହାରି ଆଖିକି ଲୁହ ଆସିନି ଜଡ଼ାଉର ନିବୁଜ ଖଡୁ ଦେଖି
କଂକାଳର ହାତରେ,
ସମସ୍ତେ ସେମିତି ବସିଚନ୍ତି
ଖୋଲାହେବା ଆଗରୁ
ନିଗୂଢ଼ ମୂର୍ତ୍ତି ହୋଇ ମଞ୍ଚରେ।

ଦେଶ ମୋର
ମୁଁ ଏକା ଏକା ସ୍ୱର୍ଗରେ
ରହିବାର ଅଭିନୟକୁ ମାନିନେଇଚି ସତ ବୋଲି
ମାନିନେଇଚି ଛଳଛଳ ଜଳଭରା ତମସାର ହିରଣ୍ମୟ ପାତ୍ରକୁ
ସକାଳ ବୋଲି।

୧୧୦

କେଡ଼େ ଛୋଟ ମୋର ପୃଥିବୀ
କେଡ଼େ ଅସହାୟ ମୋର ଦିନରାତି
କି ରକ୍ତମୟ ଏ ପ୍ରବାସ
ନିମିଷକର ଏ ଅସ୍ତଶିଖରରେ !
ହେ ମୋର ଦେଶ
ହେ ମୋର ଐଶ୍ୱର୍ଯ୍ୟ ଅନନ୍ତର
ହେ ମୋର ସାହସ !

ଯଦି ମୁଁ ଆଜି ଉଡୁ ଉଡୁ ଖସିପଡ଼େ
ଯଦି ଅନ୍ନମୟ ବ୍ରହ୍ମାଣ୍ଡରୁ
କଣିକାଏ ପାଇଁ
ଡେଣା ମେଲାଇ ଉଠିଥିବା ସୋରାଏ ନୀଳ ମୋର
ମଉଳି ଯାଏ,
ଯଦି ଆଜି କିଛି ବି ନଚାହେଁ
ଆଖି ବୁଜିଦିଏଁ

ଶବ୍ଦମୟ ନଭ ଯଦି
ସାଉଁଟିନିଏ ମୋର ନିରବତାକୁ
ତା'ର ଆର୍ତ୍ତ ସ୍ୱରବର୍ଣ୍ଣରେ,
ନିରନ୍ଧ୍ର ସଂଜ୍ଞାହୀନତାର ଗିରିଗୁହାରୁ
ପ୍ରସରି ଆସେ ଯଦି ସଂକେତ
ଶେଷ ସମର୍ପଣର,

ତୁ କ'ଣ ତଥାପି କହିବୁ କେଡ଼େ ବିରାଟ ଏ ପୃଥିବୀ
କି ଲେଲିହାନ ତା'ର ଦିନରାତି
ଉଦୟାଚଳରେ କି ମନୋହର ଏ ଧରାନିବାସ
କି ସୁନ୍ଦର ତା'ର ଆରତି ଘନ ତମସାର ?

୧୧୧

ମୁଁ ତତେ କେବେ ଅଲଗା କରି ରଖିପାରିନି
କାଟିଦେଇ ପାରିନି
ବରଓସ୍ତରୁ
ତୋର ପରାଂଗଭୋଜୀ ଲତା,
ଉଡ଼ାଇଦେଇ ପାରିନି
ତୋର ଲହଲହ ପାଚିଲା ଧାନକ୍ଷେତରୁ
ଅପଚୟର ବ୍ୟଥା ।

ତୁ ସେମିତି ଅଛୁ ଦେଶ ମୋର
ତୋର ଅଭିଳାଷରୁ
ଉଠୁଚି ନିଆଁ
ଯୁଗଯୁଗର
ଜଳିପୋଡ଼ି ଛାରଖାର କୋଉ ଗୋଟାଏ
ନାଁ ନଜଣା ଗାଁର
ଗୋହରୀରେ ଖଣ୍ଡେ ପଥରର ମୁଣ୍ଡରେ
ଲାଗିଚି ଟୋପେ ସିନ୍ଦୂର,

ସେଇଥିରେ ସହଜ ହୋଇଯାଇଚି
ଅସାର୍ଥକ ଏ ଜିଇଁବାର ଯୋଗାଡ଼,
ରଣଭେରୀର ଡାକରେ ଯେତେବେଳେ
ଦୁଲୁକି ଉଠୁଚି ସାରାସଂସାର
ଅସଂଖ୍ୟ ପରିତାପର ସମ୍ଭାର ନେଇ ଆସୁଚି ଯେତେବେଳେ
ଯୁଗାନ୍ତର।

ଯେବେ ଯେବେ ଭାବିଚି ଚାଲିଯିବି
ଥାଉ ପଡ଼ିଥାଉ ଏ ମାଟି ଖଣ୍ଡକ
ଖାଇଲେ ଖାଉ କାଉ କୁକୁର
ନହେଲେ ନଉ ବଢ଼ିପାଣିର ଡଅଁର,
ସେବେ ସେବେ
ଆଖିରେ
ଖୁଂଦି ହୋଇ ଯାଉଚି ବଉଳ,
କୁହୁତାନରେ ଅତଡ଼ା ପଡ଼ିଚି କାନ
ବାତୁଳ ହୋଇ ମୁଁ ଠିଆହୋଇଯାଇଚି
ଜୟଯାତ୍ରାର ଧାଡ଼ିରେ,
ଇତିହାସର ଛାତିଫଟାଇ ବାହାରି ଆସିଚି
ଚଳାଏ ଲହୁ
ବସନ୍ତର।

ଆଜି ଶେଷଦିନ
ଶେଷ ଅଧ୍ୟାୟ ଆଜି
ଆଖ୍ୟାୟିକାର।
ଆଜି ବାହାରିବ ଆକାଶର ଅଂକୁର ମାଟିରୁ
ଆଜି ଶିଳାରୁ ଶିଳାଲେଖର ବାହାରିଯିବ ତ୍ରାସ,
ସାତଦ୍ୱୀପ, ତେରପ୍ରାନ୍ତର ଡେଇଁ
ଆସିବେ ଆଜି ସାରସ ବଧଭୂମିକୁ।
ଆଜିଠୁ ତତେ ମୁଁ ଖୋଜିବିନାହିଁ
ଆଜିଠୁ ମୋର ଅଦୃଷ୍ଟକୁ
ଆଖିଟେକି ଚାହିଁବା ହିଁ ହେବ ଦୋଷ।

ଭୁଲ୍‌ବାଟରେ ପଶିଯିବାର
ଦୁଃସାହସରୁ ବାହାରିବ
ନାବ ଅଥଳ ସମୁଦ୍ରରେ।

ପ୍ରୟୋଜନକୁ ଥୋଇବା ପାଇଁ
ହେବ ଘଟର ଆୟୋଜନ,
ଘଟ ପାଇଁ
ତିଆରି ହେବ ଚକ୍ରବାଳର ନୀଳ ଦୁକୂଳ
ନୂଆକରି,
ପାଇଥିବା ସବୁ ଅନୁଭବରେ
ଲାଗିଯିବ ହାତ ହୁତାଶନର।

ଶିଖାଟେକି ଉଠିବ ନିଆଁ
ଘାସ ଜଳିବ
ଜଳିବ କେଶ
ସେଥିସହିତ ଜଳିଯିବ ମୋର ଦୁଃସହ ବନବାସ।

କେହି ବଂଚିବେ ନାହିଁ ସେ ଦହନରୁ
କେହି ବଂଚିବେ ନାହିଁ,
ସେତେବେଳକୁ ଦେଶ ମୋର,
ଆମର ଛୋଟ ସଂସାରରେ
ଆମେ ଶୋଇ ସାରିଥିବା ଖାଇପିଇ,
ଆମର ଅଦାହ୍ୟ ଦେହର
ଶିମ୍ବଲଟାରେ ଧରିଆସୁଥିବ ଫୁଲ
ସକାଳର।

ତୁ ମୋତେ ପଚାରିବୁ ନିଦଭୋଳରେ
ଆଉ କେତେ ଯୁଗ ?
ମୁଁ ତତେ କୋଳେଇ ନେବି
ଘୋଡ଼େଇ ଦେବି ଦେହରେ ତୋର

ମୋର ଅଭ୍ରାନ୍ତ ପରିଚୟର ଉଷ୍ମ ଅବଶେଷ,
      କହିବି: ଏଇତ ଫୁଟିଆସୁଚି ଦିନ ଆମର
କିଏ ଜାଣେ କେତେଯୁଗର ଅପେକ୍ଷା ଅଛି ସେଥିରେ
           ଦେଶରେ ମୋର
କିଏ ଜାଣେ କୋଉ ଧ୍ୱଂସରୁ ଆସିଚି
      ଆମର
         ଏ ନବକଳେବର ?

BLACK EAGLE BOOKS

www.blackeaglebooks.org
info@blackeaglebooks.org

Black Eagle Books, an independent publisher, was founded as a nonprofit organization in April, 2019. It is our mission to connect and engage the Indian diaspora and the world at large with the best of works of world literature published on a collaborative platform, with special emphasis on foregrounding Contemporary Classics and New Writing.

www.ingramcontent.com/pod-product-compliance
Lightning Source LLC
Chambersburg PA
CBHW060558080526
44585CB00013B/612
* 9 7 8 1 6 4 5 6 0 6 2 8 4 *